新たな約束

新約聖書に学ぶ神の招き

後藤田典子

新教出版社

本書を読む前に

キリスト教は、カトリック教会・正教会・プロテスタント諸教会など多くのグループがありますが、キリストを救い主とし**聖書を唯一の正典**とすることにおいて一つです。聖書は、旧約聖書では天地万物の創めからキリスト降誕直前までを、新約聖書ではキリスト・イエスの十字架の死・復活・昇天から、聖霊が主の弟子達に働きかける時代、さらにキリストが再びこの世に来られ神の国を完成させる終末を記しています。

キリスト教はナザレの人イエスを救い主・キリストと信じる宗教で、父なる神・御子キリスト・聖霊なる**三位一体の神**を信じています。主イエスを神の子・キリストだと信じる人々が聖霊に強められて教会を建てキリスト教を形成しています。

新約聖書を学ぶにあたり、中心となる主イエスのみならず、天地創造の始めから神の国の完成の終りまでを意識しながら読み進めていただきたいと願います。事前に旧約聖書全体を掴んでおくと良いでしょう。主イエスに対する理解が深められ、今の時代を生き抜くよう導く聖霊の励ましを、神の国へ招く神の業と受けとめることができますから。新約聖書の「新約」とは新しい約束、即ち主イエスを信じるなら神の国へ入れていただける約束を意味します。この新しい約束は、読者の皆様にも約束されているのです。希望の約束に、皆様が気付けますよう祈ります。

本書は聖書科授業の補助として書かれていますが、一人で聖書を読む方々への補助にもなるようにと考えました。聖書を読む時間は、人生の宝を得る機会です。どうか、その機会を活かされますよう願ってやみません。

新約聖書27巻一覧

書　名	内　容	分　類
マタイによる福音書	主イエスの記録 （福音書）	共観福音書
マルコによる福音書		
ルカによる福音書		
ヨハネによる福音書		第四福音書
使徒言行録	教会の始まり	
ローマの信徒への手紙	パウロの手紙	四大書簡
コリントの信徒への手紙一・二		
ガラテヤの信徒への手紙		
エフェソの信徒への手紙		獄中書簡
フィリピの信徒への手紙		
コロサイの信徒への手紙		
テサロニケの信徒への手紙一・二		初期書簡
テモテへの手紙一・二		牧会書簡
テトスへの手紙		
フィレモンへの手紙		獄中書簡
ヘブライ人への手紙	パウロ以外の手紙	公同書簡
ヤコブの手紙		
ペトロの手紙一・二		
ヨハネの手紙一・二・三		
ユダの手紙		
ヨハネの黙示録	終末の黙示（預言）	

凡　例

　本書は日本聖書協会発行の『聖書 新共同訳』によって書かれています。
「新 p. 100」とある場合は『聖書 新共同訳』の 100 頁を指します。
　聖書箇所は「書名 章：節」（詩編は編：節）で示しました。

目　　次

Ⅰ　始めに

| 1. 旧約聖書からのつながり | マタイ 22：36－40 | 8 |
| 2. 新約聖書が語る神の愛 | ヨハネ 3：1－21 | 12 |

Ⅱ　愛を示したイエス・キリスト
－福音書－

1. 洗礼を受ける	マタイ 3：1－17	18
2. 誘惑を受ける	マタイ 4：1－17	22
3. 弟子を招く	ルカ 5：1－11	25
4. 福音を語る	マタイ 7：7－29	29
5. 神の国を教える　－たとえ話 1 －	マタイ 20：1－16	33
6. 神の国を教える　－たとえ話 2 －	ルカ 15：11－32	37
7. 病をいやす　－奇跡－	マルコ 5：21－43	41
8. 病をいやす　－救い－	ルカ 17：11－19	45
9. 命の糧を与える	ヨハネ 6：22－71	49
10. エルサレムを目指す	ルカ 18：35－19：10	53
11. 十字架に向かう	マルコ 11：1－12：34	57
12. 裏切られる　－主の晩餐－	ルカ 22：1－34 ＋ 47－62	61
13. 祈る　－十字架－	ルカ 22：39－46 ＋ 23：26－43	65
14. 使命を全うする　－死・復活－	ルカ 23：44－24：35	69

Ⅲ　聖霊を受け、愛に生きる弟子達
ー使徒言行録・使徒書簡ー

1.　立ち上がる	使徒言行録 2：1−42	76
2.　歩み出す	使徒言行録 4：23−5：16	80
3.　主に望みをおく	使徒言行録 5：17−6：15	84
4.　鷲のように翼を張って上る	使徒言行録 8：1−40	88
5.　見えるようになる	使徒言行録 9：1−31	92
6.　異邦人へ伝える	使徒言行録 11：19−30 ＋ 13：1−12	96
7.　チャンスを活かす	使徒言行録 16：6−17：9	100
8.　主に励まされて語り続ける	使徒言行録 18：1−23	104
9.　言葉を尽くして励ます	使徒言行録 19：11−20：6	108
10.　受けるよりは与える	使徒言行録 20：13−21：16	112
11.　御言葉に従って生きる	使徒言行録 22：22−23：11	116
12.　ローマに立つ	使徒言行録 27：1−12 ＋ 28：1−31	120

Ⅳ　終わりに
ー黙示ー

終末・神の国への招き	黙示録 1：1−8 ＋ 22：6−21	126

資料集

「主の祈り」	129
「使徒信条」	130
新約時代の歴史年表	131
主イエス時代のエルサレム	132
本書を書き終えて	134

装　丁

渡辺美知子

表紙の絵

復活の朝

Jesus Appears to Mary Magdalene（John 20：11−17）

渡辺 総一

I　始めに

息子の帰還
The Return of the Son（Luke 15：13–20）
渡辺 総一

1．旧約聖書からのつながり

マタイによる福音書 22：36—40（新 p. 44）

　最も重要な掟　　主イエスは最も重要な掟として二つを示された。この掟はそれぞれ『　』で囲まれているので、定められていた律法からの引用文だと判る。

　聖書の後ろの付録・**新約聖書における旧約聖書からの引用箇所一覧表**を調べると、第一の掟は申命記 6 章 5 節、第二の掟はレビ記 19 章 18 節となっている。主イエスは、二つの書物から一つずつ引用したのである。

　旧約聖書のそれぞれの箇所を開いてみると、申命記 6 章 1 節（旧 p. 291）には「これは、あなたたちの神、主があなたたちに教えよと命じられた戒めと掟と法」とあり、第一の掟はその最初の神の言葉となっている。ここは、イスラエルの民が奴隷の地・エジプトから脱出し、自由の地に向かう長い旅の途中、導く神に感謝し耳を傾けている場面である。この場面で語られた第一番目の神の言葉だから、イスラエルの民は心からこの一言を大切に受けとめたであろう。

　第二の掟（旧 p. 192）は「……してはならない」との命令が数多く並ぶ中にある。この掟は「心の中で兄弟を憎んではならない」「同胞を率直に戒めなさい」「復讐してはならない」「恨みを抱いてはならない」との四つの命令の最後に「わたしは主である」との言葉と共に締めくくりの一節となっている。

　さらに前後の段落も同じ一言が最後に添えられている。これは「わたしがあなたの主であるから……してはならない」との諭しである。「主であるわたしに愛されている自分のように、隣人を愛しなさい」との語りかけなのだ。

　主イエスの時代のユダヤ教の指導者達は 613 の律法を守るよう指導

8　　I　始めに

しつつ、どれが最も重要かとしばしば議論していたと言う。神の掟に優劣をつけることなどできないと論ずる者もいれば、現実的な宗教教育のために順序を考える者もいたという。そのような中で、主イエスは一つでなく、この二つの掟を選んだ。選択の基準は、「神－わたし」「わたし－隣人」の双方に巡るダイナミックな「愛」である。

律法と預言者　　主イエスは「律法全体と預言者は、この二つの掟に基づいている」と結んだ。

聖書巻末付録**用語解説**の「律法」「預言者」を読むと、この二語が旧約聖書全体を指していることが判る。

新約聖書には、しばしば**律法**という言葉が登場する。一般的には、エジプトからの脱出時の指導者モーセが書いたといわれる五書（創世記・出エジプト記・レビ記・民数記・申命記）を指している。（五書と共に続くヨシュア記・士師記・サムエル記・列王記・歴代誌は、世の始めから主イエスの時代直前までの歴史を著し、神が人間とどのように関わられたかとの視点で描かれている）　他方、**預言者**は神の言葉を預かりイスラエルの民に伝える役目を担う。旧約聖書に登場する最初の預言者サムエルを始めとし、預言書に神の言葉を書き残した人物もみられる。

諦めずに世の人々に関わり続け、語り続けられる神の姿勢を、主イエスは力強い「愛」の行為と捉えたのではないだろうか。

語る背景　　今回の聖書箇所は、主イエスが語っている場面である。話しかけている相手は、聖書箇所を遡って調べると 23 節「サドカイ派の人々」、さらに 21 章 45 節「祭司長たちやファリサイ派の人々」、23 節「祭司長や民の長老たち」となっている。これらの人々は、当時のユダヤ教指導者達である。周りには群衆がおり、主イエスの弟子達も耳を傾けていただろう。

場所は、同様にたどると 21 章 23 節「イエスが神殿の境内に入って

1.　旧約聖書からのつながり　　9

教えておられると……」との文章に行きつく。主イエスは、ユダヤ教の中心**エルサレム神殿**で語っていたのである。

　この神殿は、かつてイスラエルの国が繁栄を極めたソロモン王の時代に、神への信仰の証として建てられた。世界の国々から絶賛され、多くの参拝者を集めた大神殿だった。しかし、次第に衰え始めたユダヤの地はバビロニアに滅ぼされ、弱体化した信仰を象徴するように神殿も破壊され廃墟となった。その後、ペルシアがバビロニアを倒し、捕囚の民は再びエルサレムに戻って神殿再建に挑んだが願うほど大きな建物は造れなかった。国力は弱く、四方の国々から脅かされ疲弊していたのだ。やがて、ローマ帝国が台頭し勢力を増大させてユダヤを手中に納めると、この帝国がユダヤの王に認めたヘロデ大王は神殿を拡張し民の中心地を作ろうと計った。彼の死後、エルサレムを直轄地とした帝国は、宗教活動をユダヤ人に委ね、神殿を中心に大祭司を議長とする最高法院という自治機関を認めた。帝国の支配下でも神への信仰は許されていたのだ。主イエスは、細いすき間のような自由を活かして神の国の幻を語り、神の、民への思いを示して本来の信仰の在り方へ人々を導いたのである。

　　旧い時代から新しい時代へ　　今回の聖書箇所は、新約聖書最初に編集された書物にある。

　このマタイによる福音書は、弟子のマタイによる執筆といわれ、28章から成る長編の主イエスの記録である。その1章は「イエス・キリストの系図」で始まり、旧約聖書最初の創世記に登場するユダヤ民族の父祖アブラハム以降の系図が書かれ、神を信仰する人々の長い過去の歴史がうかがい知れる。次に「イエス・キリストの誕生」を書いたマタイは、「イエスの死」（27：45以下）の後の復活を28章に記録し、結語を主の言葉「わたしは世の終りまで、いつもあなたがたと共にいる。」とした。つまり、主イエスの記録だけを記しただけでなく、世の始めから主イエスへと繋がっている古き時の流れと、世の終りまで

10　　Ⅰ　始めに

主イエスと共にある新たな時を示したのである。これまでも共に居てくださり、これからも共に居てくださる神を伝えているのだ。

ここで再度、主イエスの二つの掟を振りかえってみよう。

第一の掟は、心を尽くし・精神を尽くし・思いを尽くし、と全てを注ぎ出して神を愛するように促されていた。神がいつもわたし達と共に居てくださり、導き、育て、生かしてくださるのだから、全身全霊を尽くしてその神を愛していこう、と言うわけである。第二の掟は、神は自分自身だけでなくどの隣人とも共に居てくださるのだから、神が共に居る人を愛していこう、と言うのだ。

神は、気づかなくても、過去の**わたし**と一緒に居てくださり、未来へ向かう現在の**わたし**と共に歩んでくださる方である。わたし達は、時代に翻弄されたり、どうしようもない悲しみに押しつぶされたり、目の前が真っ暗になる困難に出会ったりする。が、これまでも・これからも神は「わたし」と共に居るのだ。共に居る神「インマヌエル」を信じて進む「わたし達」で居よう。

One more point

「新約聖書における旧約聖書からの引用箇所一覧表」を見ると、福音書だけでなく使徒言行録や使徒達が書いた手紙にも多くの引用文がある事に気づく。これらが記された時代の人々は、それほどまでに聖書（現在の旧約聖書）を当たり前のように受けとめ、常識として心得て、その内容が生活に根差していたからであろう。

21世紀の日本で生活しているわたし達が当たり前のように受けとめて常識とし、大きな影響を受けているモノは何だろう？　学校で学ぶ知識・技術も挙げられるし、テレビやネットから得る情報も挙げられるだろう。わたし達の生き方や暮らしの拠りどころとしているモノとは何だろうか。

２．新約聖書が語る神の愛

ヨハネによる福音書　3：1—21（新 p. 167）

小さな聖書　　新約聖書には四つの福音書が納められ、どれも主イエスの宣教の業を伝える記録で、同じ事柄が描かれている。とは言え、執筆者が異なるので視点は異なる。重要と判断して書き残す、時には省略し、除く。描き方は様々だ。マタイ福音書とルカ福音書は、最初に書かれたマルコ福音書を基にしているといわれており共通項が多い。

　今回扱うヨハネ福音書は、これら三つの福音書とはタイプが異なり、他には見られない独自の記録が多い。この箇所もその一つである。ニコデモに話した一言「神は、その独り子をお与えになったほどに、世を愛された。独り子を信じる者が一人も滅びないで、永遠の命を得るためである。」（3：16）は、聖書全体の使信を表すため**小さな聖書**と言われている。

　ヨハネは1章18節で「いまだかつて、神を見た者はいない。父のふところにいる独り子である神、この方が神を示されたのである。」と書き、主イエスが父なる神の唯一の子であり、人の姿を持つ神であることを伝えた。その上でこの３章では、神が主イエスを手放して世に送り、世の人々が滅びないで永遠の命を得るようになさった福音を記した。やがて、この世に送られてきた神の子が人々の罪を代わりに負って罰を受けた十字架の出来事と、さらに、その主イエスを信じることによって永遠の命が与えられる締めくくりを著したのだった。

信じる人々　　この聖書箇所に登場したのは、「ファリサイ派に属する」「ユダヤ人たちの議員であった」ニコデモである。

　当時、ユダヤ教は大きく二つのグループの指導者達によって支えられていた。神に与えられた律法を大切に守って信仰を貫こうと励んだ

ファリサイ派（多くは市民階級）と、神殿を中心に世襲制による祭司の務めを負って正統的な信仰を受け継ごうと励んだサドカイ派（多くは貴族階級）である。二派については、聖書巻末の用語解説を確認しておくとよい。

　前項で述べたように、植民地支配下でも信仰の自由は認められていた。そこで、エルサレム神殿で礼拝が捧げられていただけでなく、各地の会堂でラビと呼ばれる教師達が律法や預言書を民衆に教えた。人々は自らの歴史を神に守られ導かれていると受けとめ、心の拠りどころを得ていたのだ。先祖が、奴隷にされていたエジプトから解放されて自由を得たり、国が滅ぼされバビロン捕囚となっても再びエルサレムに戻り神殿再建を果たせたり、といったこれまでの神の支えを教わりつつ、神はこの苦境からも必ず救い出されるとの確信を強くして、民衆は救い主（メシア）が与えられる希望を持ち続けていたのだった。

　とは言え、救いはいつ訪れるのか、救い主はどのようにしてこの世に現れるのか、誰にも解らなかった。だから、信じつつも、心の片隅に一抹の不安を抱えた人もいたのだ。ニコデモは、ファリサイ派という主流に属す自分に安住せず、神を信じつつも「いつ救われるのか」「救い主とはどのような方か」と問わずにおれない気持ちを抱え、尋ね求めて主イエスにたどり着いたのだ。深夜、独りで主イエスを訪ねた姿に、本気で救いを求める様子が伺える。「信じる」とは100％の確信ではなく、一抹の不安・不確かさを伴うのかもしれない。そのわずかな不安や不確かさを越え、掴んでいくものだろう。

救いを求めて　　主イエスに会い、問いかけるニコデモ。彼は、主イエスの言葉に驚く。父や祖父から受け継いできた救いの神とは異なるイメージで、主イエスが答えたからである。

　ここでわたし達の普段の生活を振り返ってみたい。

　わたし達の日常生活には、相手に問いかけ、答えを得る機会が多々ある。答えを探し求めて問いかける時に気を付けたい事は、相手の言

葉を聞く「わたし」も共に答えを導き出している点である。問いかけた相手は、自分自身とは異なる。興味や考えるポイントの違い、これまで積み重ねてきた経験の違い、家庭・家族の違い、社会や世界への関わり方の違い、様々に異なる。だからこそ、異なる他者に尋ね、答えられた言葉を自分なりに受けとめ直して、自らの答えとする過程が必要なのだ。ところが、私達は、相手の言葉をそのまま鵜呑みにしたり、期待に沿った答えだと浅い理解のままでも満足して喜んだり、期待外れだと不愉快になり悲しみ傷ついて、相手を否定して悪者扱いしかねない。問いに応じて語られた内容を受けとめて、自分が問いかけた答えを導くのは、実は自分自身なのである。

ニコデモは予想できなかった話に混乱した。それは、それほどまでにファリサイ派の教えが染み込んでいる証しであり、主イエスが未知の新しい教えを語った証しでもある。が、ニコデモは、神の救いを尋ね求める姿勢を保ち、主イエスの言葉を自身の答えとして受けとめていったのだ。

彼は、後の 7 : 51 で最高法院での裁判の際に律法に従って主イエスを弁護し、19 : 39 でアリマタヤのヨセフが主イエスを埋葬する際には習慣に従って同行している。信仰者として神に尋ね求める生き方を身に着けていたからこそ、主イエスが語った新しい言葉が自分の答えである、との発見に至ったのだ。

永遠の命を与える神の愛　　「神は、その独り子をお与えになったほどに、世を愛された。独り子を信じる者が一人も滅びないで、永遠の命を得るためである。神が御子を世に遣わされたのは、世を裁くためではなく、御子によって世が救われるためである。」

ニコデモはすぐには理解できなかった。期待の救い主が強きリーダーとして帝国を打ち破って自由と平和の地へ導いてくれるのでも、神の栄光を表す大神殿を造りあげ全ての民がひれ伏す大変革を成し遂げるのでもないからだ。先祖達の伝承からの想像と異なる話にただ驚く

14　　Ｉ　始めに

しかなかっただろう。

　主イエスの答えは、神の愛を語る言葉だった。どの一人も滅びないように、世界が滅びないように、神はこの世に送った独り子を信じる者に永遠の命を与える、との話は、神がどれほど一人一人を心にかけ創られたこの世に責任を持ち、何としても滅びではなく永遠の命を与えたい、との愛の話だった。

　今回の聖書箇所は、21章まであるヨハネ福音書の3章にあり、始まりに近い部分に位置する。続けて、「わたしはよい羊飼いである。よい羊飼いは羊のために命を捨てる。」（10：11）、「あなたがたに新しい掟を与える。互いに愛し合いなさい。わたしがあなたがたを愛したように、あなたがたも互いに愛し合いなさい。」（13：34）、「友のために自分の命を捨てること、これ以上に大きな愛はない。」（15：13 - 14）といった愛の教えをこの福音書は記している。そうして、主イエスが人々の罪を負って十字架で死に、死を超えて復活して永遠の命を人々に与える、と愛の実現を描いた。

　ニコデモは、ファリサイ派の一員として育ち、旧きタイプの聖書理解を身に着けて信仰に生きてきた。自分を愛してくださる神の愛を意識したことはなかっただろう。というのも、当時、聖書として重んじられていた現在の旧約聖書には、「愛」「愛する」との語句がそれほどまで使われていないのである。愛という語句が頻繁に使われているのは、新約聖書である。**コンコルダンス**（聖書語句索引）をながめるだけでもその差は実感できる。彼は神の愛を知って、新しく生き始めたのだ。

One more point

　旧約聖書はユダヤ人の言語・ヘブライ語で書かれた。新約聖書はローマ帝国公用語のギリシア語で書かれた。ギリシア語の「愛」（日本語では一律に愛と訳される）には、アガペー（神の愛）・エロース（人の愛）・フィーリア（友情）の三種類の言葉があり、使い分けられている。新約聖

書のほとんどはアガペーが使われている。言葉は、時代によって使い方が変化する。日本には江戸時代まで「愛」にあたる言語がなかった。聖書が翻訳された明治期、意味の異なる愛をあてたのである。

Ⅱ 愛を示したイエス・キリスト
―福音書―

和解の十字架
Reconciliation by Means of the Cross (Ephesians 2：14–16)
渡辺 総一

本章では主イエスの宣教の業を四福音書に学ぶ。
最初に書かれた「マルコによる福音書」の流れに準じ、マタイ・ルカ・ヨハネの三つを交えて読み進める。

1. 洗礼を受ける

マタイによる福音書　3：1—17（新 p. 3）

　洗礼者ヨハネ　　主イエスは、ヨルダン川で洗礼を受けた。ヨハネは、ユダヤの人々に神に立ち帰るよう呼びかけた指導者で、神の国が来るから罪を悔い改め、心身を清めて神に立ち返るように、と洗礼を施していた。当時の人々は、清められるため祭司達にいけにえを捧げる儀式をしてもらったりたり、罪人にならないために律法を守る努力をしたり、と最後の審判で神の国に入る事を目指す信仰生活を行っていた。ところが、ヨハネは、神の国に入るためには各自が自らを振り返って罪から離れて神に向かう誠実な生き方が大切だと考えて、悔い改めと洗礼を行っていたのである。彼は、ユダヤ教の新しいグループ・エッセネ派に属していたと言われる。都や町で活動していた他のユダヤ教指導者とは対照的に、人里離れた荒れ野で質素な生活をしながら救いを求める人々に教えていたのだ。

　彼は、主イエスが来て受洗を申し出た際、「わたしこそ、あなたから洗礼を受けるべきなのに」（3：14）と言った。彼は、民衆に勧めていた悔い改めを自ら行い、自身も洗礼を受けるべき人間だと考えていたようである。しかし、主イエスが「正しいことを行うのは、我々にふさわしい」（3：15）と答えたので、洗礼を授けたのだった。

　こうして洗礼を受けた主イエスは、鳩のように降った神の霊を受け、天からの声を聞いた。

　その有り様を目の当たりにしたヨハネは、この後ヘロデ王に逮捕さ

18　　Ⅱ　愛を示したイエス・キリスト

れ（4：12）処せられてしまう（14：10）が、主イエスに深い信頼を寄せており、彼の弟子の中から主イエスに従った者は少なくない。

並行記事　聖書箇所の小見出しには、今回扱うマタイ以外の三つの福音書に同じ内容が記載されていることが記されており、これを**並行記事**をという。四つの福音書には、各執筆者が重要視している事柄が記録されている。現代のように紙も筆記用具も潤沢ではない時代でもあり、限られた紙面のため省かれた事柄は多く、各執筆者が伝えようとした最低限の内容となっている。それでも、洗礼に関する記録は、主イエスの誕生の記録がないマルコ福音書とヨハネ福音書にも残されている。つまり、それだけ重要視された出来事なのだ。

四福音書の全てに書かれた記事には、最後の晩餐の記録や主イエスの復活等がある。

洗礼式・聖餐式　現在のプロテスタント教会では、この二つの式を**聖礼典**として行っている。

洗礼式は、式を行う教会へ入会する儀式で、キリスト教者（クリスチャン）であることが教会で認められる式である。主イエスが洗礼者ヨハネから洗礼を受けた事に由来している。水を使って罪を洗い流して、それまでの自分が死に新しい自分に生まれ変わって新たな人生を歩み始めることを意味する。

聖餐式は、十字架の死を控えた主イエスが12弟子と共にとった最後の食事に由来し、**パンをキリストの体**として食べ、**ぶどう酒**（現代では健康に留意してぶどう液を使用する教会が多い）を**キリストの血**として飲む儀式である。主イエスが十字架にかかり、人々のために血を流し体が裂かれたことを思い起こす食事として、主イエスの弟子である信者に配られ、大切に執り行われている。

キリスト教の教会が行う式には、結婚式や葬儀など一般的に人生の節目と考えられている式もある。が、聖礼典の二つの式は神の前に集

1．洗礼を受ける　　19

う共同体の儀式として行われ、教会に認められた牧師（教会教師）が司式者として執行する。

One more point
本を読むことに関して次のような考えを紹介したい。

　字で書かれたお話の素晴らしいところは、「余白が多い」ことではないでしょうか。
　文字で伝えられる情報量は、音楽と比べても、映画と比べても、悲しいくらい少ないです。それはパソコンで保存した時のファイルサイズを見ても明らかです。でも、そのおかげで「余白」が生まれます。
　具体的に述べます。
　例えば、「見渡すばかりの草原が広がっていた」と書いたとします。
　これを読んだ人の頭の中に思い浮かぶ光景は、同じ「草原」だとしてもさまざまです。アメリカのプレーリーを想像する人もいるでしょうが、菜の花畑でも水田でもすすき野原でも、草原に違いありません。どんな光景を想像するかは、読者に委ねられています。
　映画ですと、映っているものがすべてです。水田が映っているのに、無理矢理プレーリーを想像するのは無理があります。でも、小説はそ

のあたり、自由なのです。書き手が必要と思えば細かく書き込みますが、話の本筋と関係がなかったりすると、さらりと書き流し、あとは読む人の想像に委ねます。（中略）読者の立場から言えば、自分が読むことで自分オリジナルの物語ができるんだと考えるとたのしくなりませんか？　（中略）後知恵で考えると、僕が十代で読んできた全ての本・物語は、やはり、その時その時の自分のニーズにあわせて、自分なりに「完成させた」ものである気がします。

　　川端裕人「物語は、自分が完成させる」より。『10 代の本棚──こんな本に出会いたい』（あさのあつこ編著、岩波ジュニア新書）所収

　読書のおもしろさは、映像（視覚）や音響（聴覚）の刺激よりも静かな感動にあるのではないだろうか。

　聖書は文字ばかりなので、親しみにくいかもしれない。しかも、新約聖書は 2000 年前に書かれた古典であり、日本とは違う風土・社会・民族の話である。わたし達の身近な本とは言い難い。それでも、聖書は世界のベストセラーである。読者層は広く、2800 余りの言語に訳されている。世界中で親しまれている「星の王子様」や「ピノキオ」が約 240言語、「ハリー・ポッター・シリーズ」が 67 言語、と比べればけた違いに多いのである。

　聖書という書物は、神の思い・御心と業（わざ）を物語る書物である。人の知恵をはるかに超え、思いがけない発想や視点で語られる大いなる物語だ。長い歴史の中で様々な国の多くの人々が読み親しんできたロングランヒットを、今、あなたも読んでいるのだ。すばらしいことだ。自分なりの受けとめ方をしつつ読み進めよう。時を経て再度読むと、新たな受けとめ方をする自分の変化に気づくだろう。また、世代の異なる方々と読後の感想を語り合うのも、興味深い時間となるだろう。

1．洗礼を受ける　21

2．誘惑を受ける

マタイによる福音書　4：1—17（新 p. 4）

悪魔の誘惑　一つ目　　受洗の後、主イエスは荒れ野で悪魔から誘惑を受けられた。

　悪魔は断食による空腹の主イエスに、「神の子」なら石をパンに変える奇跡を起こせるだろう、と声をかけた。主イエスは他の言葉を加えることなく、聖書に書かれた神の言葉だけを用いて悪魔に答えたのだった。『　』で囲まれている言葉は、申命記8章3節（旧 p. 294）から取られている。「新約聖書における旧約聖書からの引用箇所一覧表」を確認しておこう。

　現代の豊かな日本の食生活に慣れているわたし達には、「飢え」の苦しさが解らないのではないだろうか。長い人類の歴史を見ると、手軽に食べ物を入手できるようになったのは、最近のことである。相次ぐ戦争や飢饉のために打撃を受けた農林水産業、進歩した技術がなければ生産率や保存率、さらに運搬力も低くなるから、食糧は乏しくなる。どの時代のどの人々も「飢え」と戦い、努力と工夫を重ねてきた歴史があることを忘れてはならない。

　主イエスは断食のために空腹だったと福音書は書いているが、この時代の人々の食糧事情も決して良いとは言えなかった。多くの人が空腹に苦しんでいたのだ。福音書には、しばしば、食べ物を求めて主イエスの元に集まる群衆の姿が描かれている。一握りの人々は満ち足りていただろうが、過半数の人々は飢えと背中合わせだったろう。そのような人々の生活を思い描くと、石からパンを作り出す奇跡はすばらしい事だろう。空腹の主イエスだけでなく、多くの人々が救われるのだ。しかも、それは奇跡であって、誰かのパンを盗むわけでもないから悪い事でもないだろう。

しかし、主イエスは人が生きるためには、腹を満たす食べ物だけではない、神の言葉が必要だ、と聖書の言葉・神が示された言葉で答えた。**日用の糧**（食料）と共に**御言葉の糧**（神の言葉）が必要であるとの答えは、人格ある人間と人格のない動物との違いを示す。

加えて、わたし達は命あるモノを食べて生きている。米や野菜、肉や魚等は命あるモノで、石のように命なきモノではない。命のない偽物を食べても生きることはできないのだ。これから読み進める福音書には、様々な主イエスの奇跡物語が登場するが、それらは、生きるため・生かすための奇跡であることを心に留めておきたい。

悪魔の誘惑　二つ目　　悪魔は、主イエスに高い神殿の屋根から飛び降りるように言った。「神の子」なら神の使いが助けるだろう、という訳である。

すると、ここでも主イエスは他の言葉を加えることなく、聖書に書かれた神の言葉を使って答えた。この言葉は、申命記 6 章 16 節（旧 p. 291）にある。神が「試してはならない」と言われた、と主イエスは述べたわけだが、ここには主イエスの神に対する深い信頼が表れている。

「試す」とは、わたし達の行う日常の行為である。お試し、といった言葉は様々な場面で使われている。嘘をついていないかと相手を確かめたり、恋人が愛の確かさを試したり、と例を挙げれば切りがない。わたし達は信じがたい時には相手を試す。だから、信じている相手から試されると傷つき、痛み、腹が立つだろう。

信じる・試さない、は表裏一体なのではないだろうか。

悪魔の誘惑　三つ目　　わたしを拝むならこの世の権力と富など全てを与えよう、と声をかけた悪魔。ここでも、主イエスは聖書に書かれた神の言葉を使って答えた。この言葉は、申命記 6 章 13 節（旧 p. 291）にある。

注意深く聖書を読もう。聖書は、悪魔が「この世の権力と富」を与える力を持っている、と言っているのである。勿論、聖書は他の箇所では神の祝福によって権力と富を得る人を多々描いている。賢者で名高いソロモン王が良い例である。とは言え、ここでは悪魔が与える力を誇っているのだ。だからこそ、主イエスは「退け、サタン」と言ったのではないか。

　わたし達は人生を歩む中で、大小様々な形でこの世の権力や富を得る時がある。その時には、悪魔を拝して手に入れたのか、神の恵みによって手にしたのか、自ら問いたいものである。真実に尊い権力と富を与えるのは、神であって、悪魔ではない。与えられた豊かさは与えてくださった神のために使おう。

One more point

　受洗の際に天から聖霊を受けた主イエスは、神に「愛する子・心に適う者」と言われた。にもかかわらず、"霊"（神の霊）は主イエスが悪魔から誘惑を受けるように導いたのだ。なぜ、神は、主イエスに悪魔の誘惑・試練を与えたのだろうか。

3. 弟子を招く

ルカによる福音書　5：1—11（新 p. 109）

　漁師を弟子にする　　主イエスは悪魔から試練を受けた後「時は満ち、神の国は近づいた。悔い改めて福音を信じなさい。」（マルコ1：15）と言って宣教を開始し、出会った人々を弟子にしていった。シンプルに物語るマルコ福音書は、その最初のページに「洗礼者ヨハネ、教えを宣べる」「イエス、洗礼を受ける」「誘惑を受ける」「ガリラヤで伝道を始める」「四人の漁師を弟子にする」の五つの小見出しが並んでいるので、主イエスの活動の始まりが一目瞭然で解る。

　今回扱うルカ福音書では、宣教開始の後、ガリラヤ湖のほとりの町にやって来た事や病人のいやしが書かれ、辺りを巡り歩いて活動する姿も描かれている。その続きとして、漁師のシモン（後に主イエスは岩を意味するペトロと呼ぶようになる）と、その仲間ヤコブ・弟のヨハネが弟子になった次第が書かれている。

　冒頭で「ゲネサレト湖」と書かれたガリラヤ湖は、旧約聖書ではキネレト湖の名で登場し、イスラエルの地域の北部に位置する淡水湖である。ガリラヤ地方の湖として親しまれ、ほとりには、ティベリアスやカファルナウムなどの町があった。

　シモンは幼い頃より親しんでいたこの湖を熟知しており、自分の舟を持つ漁師だった。時は朝、彼は一晩かけても何も採れなかった漁に疲れ、舟を浜へ引き上げて網を洗い、片付けていたところである。ところが、話を聞こうと集まった群衆に語るため、主イエスから舟を出すよう頼まれたのだ。家に帰って早く休みたかったろうが、面倒くさがらずに舟を湖に浮かべ漕ぎ出したのだ。人のいい漁師なのだろう。主イエスは、そのようなシモンをすでに知っていたのかもしれない。

　主イエスがどのくらいの時間をかけて教えられたのか、記録されて

3. 弟子を招く　25

いないので判らない。30分、1時間、それ以上だったかもしれない。語り終えたら、シモンは舟を陸に戻す予定だった。ところが、主イエスは、沖に漕ぎ出して漁をするように促したのだ。

　この時、シモンは何を思っただろう。どのような顔をして主イエスを見つめただろう。眠かっただろうしお腹もすいていただろう。疲れ果てていたのではないだろうか。彼は「夜通し苦労しました」と不漁だった事実を伝えたが、それでも「お言葉ですから、網を降ろしてみましょう」（5：6）と言ったのだ。

　シモンは、人のいい親切な漁師というだけではないようだ。相手は漁師でもなく、ガリラヤ湖で生まれ育った人でもない、湖のことも魚のことも知らない。しかし、その相手が群衆に語り聞かせた教えは、舟を操る彼の耳にも入ってきたのだろう。心地よく揺れる舟でも居眠りせず、一夜の疲れにぼんやりすることもなく、脇で語られる主イエスの声に耳を傾けたのではないだろうか。彼は主イエスから何かを感じ取り、この方の言う通りにしてみようと奮い立ったようだ。

　やがて、網が破れそうになるほどの大漁を目の当たりにしたシモン。主イエスの言葉に従えば、何かが起きるかもしれないと予感していたものの、まさかこんな事態になるとは思いもせず、彼はたじろいだ。「主よ、わたしから離れてください。わたしは罪深い者なのです」（5：8）と叫んでいる。

　「今から後、あなたは人間をとる漁師になる。」（5;10）との主イエスの声に、全てを捨てて従ったシモン。この朝を境に、彼の人生は大きく変わったのだった。

　まさしく人生の新たな朝を迎えたシモン。主イエスは、いろんな人と出会おうとなさるが、強制や駆け引きはしない。信じて声をかけ、応えを見守る。はるかな時空を超えて、現代のわたし達にも主イエスとの出会いが用意されている。思いがけない出会いの時には、しっかり目覚めていよう。

12 弟子（12 使徒）　　次第に増えた弟子達の中から 12 人を選んだ主イエスは、汚れた霊を追い出し、いやす力を与えて各地へ遣わされた。マタイ福音書 10 章（p. 17）に沿って記すと、まずペトロと呼ばれるようになったシモン、その弟アンデレ、ゼベダイの子ヤコブ、その弟ヨハネ（ヨハネ福音書の執筆者）である。彼ら 4 人はガリラヤ湖で漁師だった。続いてフィリポ、バルトロマイ、トマス、徴税人だったマタイ（マタイ福音書の執筆者）。アルファイの子ヤコブ、タダイ、熱心党のシモン、イスカリオテ出身のユダ。以上の 12 人である。イスラエルの 12 部族にちなんで選ばれたと言われている。

　彼らは**使徒**とも言われ、特に主イエスの復活後に証人として主イエスこそ救い主・キリストと語り伝え、信じる人々と共に教会（信仰共同体）を建てていった。迫害を受けてもひるまず、キリスト教を生み出す中心人物となった。その活躍は、使徒言行録に残されている。

　12 使徒にはそれぞれ主との出会いがあった。教会の牧師や集う信者、キリスト教学校の聖書の先生や信仰を持って生きる先生方、このような一人一人にも主イエスとの出会いがある。各人にふさわしい時や場での出会いである。出会いのドラマを話していただくとよい。そのような機会が巡ってきた時には、そのチャンスを大切にしてじっくり耳を傾けよう。

One more point

　主イエスの弟子には色々なタイプの人物がいた。中には、まじめだが器用に生きられず紆余曲折した人もいる。福音書に紹介されている「金持ちの議員」**ルカによる福音書 18：18 − 30**（新 p. 144）を読んでみよう。

　主イエスと出会ったこの議員は、全てを捨てて弟子になったのではなく立ち去った。彼は、神の律法をひたすら守り、欠けがなければ永遠の命を得られると信じて励む、大変まじめな信仰者である。欠点のない信仰生活と思われたが、主イエスに「あなたに欠けているものがまだ一つ

3. 弟子を招く　　27

ある。」（18：22）と言われて、去ってしまった。

　この時主イエスは言った。「持っている物をすべて売り払い、貧しい人々に分けてやりなさい。そうすれば、天に富を積むことになる。それから、わたしに従いなさい。」（18：22）　もし、この言葉通りに実行していたら、彼は永遠の命を得られたのだろうか。そもそも、主イエスは、彼が未だできていなかった欠けた点（全財産を貧しい人に施す）を全うすれば、永遠の命を得られると考えていたのだろうか。

　そうではないのは明白である。この聖書箇所をしっかり読むと、次のような一文「人間にはできないことも、神にはできる」（18：27）がある。ここに、主イエスの考えをくみ取ることができるだろう。大切なのは、神が救ってくださると信じることなのだ。たゆみない努力が神に評価されて永遠の命が与えられるのではないのだ。どのように励んで万全を期しても、わたし達人間には限界があり、どれほど優れた人にも欠けた点はある。それでも、信じる者が一人も滅びないで永遠の命を得るようにどの一人にも働きかけてくださっている神を、素直に信じるだけなのだ。

　この議員も神を信じていた。いや、信じようと努めていたのだ。だからこそ、その神に受け入れていただくため、さらに主イエスに教わって努力を重ねようとしたのだった。彼は、いつも神の方から働きかけていただいて、自分が信じられていること・「神の愛」には気づけなかったのだろう。

　この時立ち去った議員は、やがて十字架に死なれた主イエスを引き取り所有していた墓に埋葬したアリマタヤのヨセフだと考える人がいる。確かではないが、主イエスに従うチャンスは思いがけない時にやってくるから、再度与えられたチャンスを掴んで弟子になった可能性はある。そうだとすれば、一度は悲しみながら立ち去ったこの聖書箇所の出来事は、次の訪れたチャンスに気づくための大事な経験になったのだろう。

4．福音を語る

マタイによる福音書　7：7—29（新 p. 11）

　心の貧しい者は　　マタイは、主イエスの主だった教えを5章から7章にまとめて編集した。山に登って群衆に教えた様子にちなんで、編集された教えは**山上の説教**と呼ばれ親しまれている。この中には、文学作品の題材になったり政治の場面で語られたり、有名な言葉がいくつも納められている。最初の言葉「心の貧しい人々は、幸いである。天の国はその人たちの者である。」（5：3）も、よく知られている言葉だ。

　一般的には、経済的物質的に貧しくても心が豊かであれば幸い、と考えるのが通常だろう。だから逆に、経済的物質的に豊かでも心が貧しければ幸せとは言えない、とも考えるだろう。

　ところが、主イエスの教えは、このような人の世の考え方とは異なる。

　主イエスは、未熟で欠点もあり豊かな心の持ち主ではない、と自覚する貧しい人が受ける大きな神の愛・祝福を幸いだと教える。

　振り返ってみると、わたし達はどんなに努力してもがんばっても、完璧にはなれない。少しでも皆の役に立ちたい、いい人になりたい、明るい性格になりたい、と知識や技術だけでなく、人間性そのものも高めたいとわたし達は願う。けれども、現実は自分の願った通りにはならず、自己嫌悪に落ち込むことも少なくない。自分をあきらめ、どうなっても構わないと思い自分を投げ出してしまうことさえある。どうしようもなく涙が流れ、うずくまって立ち上がれなくなり、さらに自分の人生に背を向ける人もいる。だが、主イエスは、神の愛はそのような人にたくさん注がれると教える。どのような心の貧しい人も天の国・神の国に招かれる神の恵みを、主イエスは語るのだ。山上の説

4．福音を語る　29

教は、このような**幸い**（神の祝福）から始まる。

求める者に与える神　　山上の説教の終わりの7章には「求めなさい」「狭い門」などが記され、最後は「家と土台」の短いたとえ話で締めくくられている。

「求めなさい」と小見出しがある段落では、求めなさい・探しなさい・門をたたきなさい、と三つの言葉が並べられて、一生懸命に探し求める姿勢が促される。その根底にあるのは、天の父が必ず良い物を与えてくださる、という信頼である。

この信頼なしに、求め・探し・門をたたく事が求められるなら、自分を高めるよう努力せよ、との自己研鑽の奨励に終わってしまう。

それなら、何を求めよと言うのだろう。天の父が必ず与えてくださる信頼をもって、求めるべきものは何なのだろう。生きがい・なりたい自分といった夢や理想、高い学力、優れた能力や先進技術だろうか。

この箇所には、明確にされていない。

主イエスの言葉の続きには、父親が子どもに良い物を与える例を示して、天の父なる神は良い物をくださる、と強調し、だから「人にしてもらいたいと思うことは何でも、あなたがたも人にしなさい。」（7：12）と教える。父なる神が良い物「愛」をくださる、だから、あなたがたも人に求められることは何でも与えなさい、と「愛」の実践を促しているのである。

7章12節の御言葉は「**黄金律**」と言われ、他者に積極的に関わる事を命ずる主イエス特有の教えである。

再度注意しておきたいポイントは、黄金律が、ただ自分にしてもらって嬉しいことを他の人にもしよう、と勧めていない点である。天の父が与えてくださる、との前提があるから、「だから」と続けられているのだ。神の愛を受けているからこそ、他の人にもその愛を分けていけるからである。

神に愛を求めよう。神の愛を探そう。愛の門をたたこう。

30　　Ⅱ　愛を示したイエス・キリスト

岩を土台とする生き方　山上の説教で教えられた一つ一つを実行するように奨める主イエス。「わたしのこれらの言葉を聞いて行う者は皆、岩の上に自分の家を建てた賢い人に似ている。」(7:24) と述べられた。この言葉を丁寧に読むと「岩の上の家に住んでいる賢い人」ではない点に気付く。

主イエスの言葉には、自分の家を岩の上に建てる作業が見える。誰かに岩の上に家を建ててもらうのではなく、ましてや既に出来上がった岩の上の家に引っ越すのでもない。固い土台を確かめながら、こつこつ家を組み立てて造り上げる人を指しているのだ。

さらに、この短いたとえ話を丁寧に読むと、砂の上に建てた家と岩の上に建てた家の違いがはっきり判るのは、雨が降り、川があふれ、風が吹いてその家を襲う、との嵐の時である。平穏な日常の中では判らないのである。嵐のように揺さぶられ打ちのめされる時、そこで初めて倒れる人と倒れない人の差が明確になるのだ。そして、その嵐の時とは、神の国に入れるか・入れないか、最後の裁きを意味しているようだ。

そこで、この短いたとえ話でも注意しておきたいポイントがある。山上の説教で教えられた一つ一つを実行していれば神の国に入れる、と主イエスが教えているのではない点である。

善い行いを沢山して、しっかり教えも守って、立派に生きていれば神の国に入れる、などという考えは無い。有るのは、御言葉を聞いて行おうと努めてもできない自分を自覚しつつ、それでも謙虚に丁寧に人生を歩む**心の貧しい人**への祝福である。

旧約聖書の「ノアの箱舟」を思い出してみよう。

彼は、物語の始まりで「その世代の中で、ノアは神に従う無垢な人であった。ノアは神と共に歩んだ。」(創世記6:3) と紹介されている。ノアは大洪水に飲み込まれなかったが、何もしないで救われたのではない。神の声を聞いて、箱舟を作り動物や鳥を養い、できることを

4. 福音を語る　31

黙々と実行したのだ。わたし達も、御言葉に耳を傾けつつ地道に歩んで行こう。

One more point

「山上の説教」の「祈るときには」の段落に、**主の祈り**の原型が登場する。主イエスが弟子達に教えた唯一の祈りとして、現在に至るまで世界中の多くの教会で最も大切な祈りとされている。皆で心を一つにして祈る成文祈祷の「主の祈り」は、マタイやルカに登場する原型に、いくつかの言葉と結びの言葉が加えられ整えられて現在の形になった。

　この祈りの特徴は、まず、神を「父」と呼びかける点である。

　次に、前半が神に対する祈り、後半がわたし達人間対して求める祈り、となっている点である。この「神に対する」「人間に対する」二部構成は、旧約聖書に書かれた**十戒**に通じる。そして、主イエスが最も重要な掟として示された「神を愛す」「隣人を自分のように愛す」との二項目にも通じる。

　「主の祈り」の文言には深い意味がある。例えば、「我らの日用の糧を今日も与えたまえ」との祈りには、食べ物に恵まれず貧困にあえぐ人々や飲食ができないほど衰弱した人々への、**とりなし**が含まれている。多くの人と共に声を合わせるわたし達の祈りは、自分自身や身近な人々だけでなく、広く社会・世界の平安を願い求める祈りでもあるのだ。

5. 神の国を教える －たとえ話１－

マタイによる福音書　20：1－16（新 p. 38）

　たとえで示す神の国　　主イエスは、いろいろなたとえを用いて語っているが、その多くはで神の国（天の国）の教えである。マタイ福音書では「天の国」、ルカ福音書では「神の国」と言われ、短く数行で書かれた話や解説まで含む長い話などバラエティに富んでいる。

　今回のたとえ話では、収穫期のぶどう園が舞台となっており、主人・労働者たちが登場する。主人が神をたとえていることは明白で解りやすい。労働者には、夜明けから働き始めた者、9 時頃から、12 時頃から、3 時頃から、さらに夕暮れ近い 5 時頃から働いた者がおり、労働時間が異なる設定である。この労働者たちが、様々なタイプのわたし達人間であることも理解しやすい。

　夕暮れの 6 時に、1 時間働いた者から順番に一日の賃金 1 デナリオンが支払われたが、朝早くから働き労働時間の長い者も同じ金額が支払われたので、不平が出たのだった。ところが、主人である神は「不当なことはしていない」（20：13）「最後の者にも、あなたと同じように支払ってやりたいのだ。」（20：14）と言ったのだった。

　主イエスは、神の国について、このようなぶどう園の主人と労働者たちの「関係」を話された。神の国を、死後に行く所・あの世のように説明せず、天にある極楽のように語ったのでもなかった。ルカ福音書の中では次のように述べている。「神の国は、見える形では来ない。『ここにある』『あそこにある』と言えるものでもない。実に、神の国はあなたがたの間にあるのだ。」（ルカ 17：20 - 21）「間」とは、人と人との間・神と人との間、関係である。

　神の基準の世界　　たとえ話では、賃金としての 1 デナリオンとい

うお金が支払われた。わたし達には解らない通貨なので、聖書巻末の「度量衡および通貨」にある「一日分の労働賃金」を参考に、5,000円と仮定しておこう。すると、1時間働いた者も5,000円、3時頃に来て3時間働いた者も5,000円、12時頃から6時間働いた者も、9時頃から9時間働いた者も、夜明け（およそ6時頃）から12時間働いた者も、皆5,000円を受け取った話となる。従って、賃金5,000円は一律同額で支払われ、**平等**だったのである。

　とは言え、働いた時間の長短で考え直すと**不公平**と言えそうだ。「時給」にしてみると、1時間の労働では時給5,000円、3時間労働では1,666円、6時間労働では833円。さらに、9時間労働では555円、12時間労働では416円になり1時間しか働かなかった者の十分の一にも満たない。最初に雇われた人たちが不平をもらしたのは、おかしな話ではなさそうだ。

　しかし、主人は「友よ」と声をかけ「自分のものを自分のしたいようにしては、いけないか。それとも、わたしの気前のよさをねたむのか。」（20:15）と語りかけている。主人が労働者に「友よ」と語りかけるところに、この主人の思いやりが感じ取れる。

　雇用者が労働者に対して、長い付き合いがあったのではない日雇いの労働者ならなおさらのことだ。「友よ」と語りかけることはあり得ない。しかも、ここは労働者が雇用者の主人に文句を言っている場面なのだ。にもかかわらず「友よ」と語りかけたところに、主人（神）の労働者（人）に向かう温かい姿勢が感じられる。

　さらに「自分のしたいようにする」との言葉にも注意を払いたい。この言葉だけを聞くと、主人がワンマンで勝手な人物のように感じられる。だが、この主人は、朝から何度も出かけて、雇ってもらえずたたずむ労働者たちを見ていたのだ。

　誰からも雇ってもらえない労働者たちとは、どういう者だろう。年老いた人、体が不自由な人、力が弱そうな人、役に立ちそうもない人等々、世間から見捨てられた者たちだったのではないだろうか。誰か

に雇ってもらいたいと願い続けた時間は、わたし達が想像するよりもずっと長く重い時間だっただろう。彼らは、朝から1時間、3時間、6時間、9時間と待ち続けたのだ。あきらめて帰りもせず待ち続けたのだ。主人がその待ち時間も考慮したとは、考えられないだろうか。

神（主人）は、人の全体をご覧になる方である。人（労働者）の一部の時間だけで判断なさらい。

わたし達は、自分達の基準で物事を考え、不公平をなくし、平等であろうとする。特に、集団になるとその基準にこだわりが強まり、正統性を訴えてヒートアップする事も多い。そのため、相手を敵視し悪者扱いして、背後の状況や相手の考え・理由を考慮する余裕を失うケースもある。お金が欲しいならしっかり働いて賃金を得ればよいのだし、豊かな暮らしが欲しければがんばって築くべきだと考えて、貧しさは働かないためだと厳しく自己責任を問う場面も生じる。

わたし達の社会・世界には、実に多くの基準があり、いろいろな法があり、加えて様々なマナーやルールもあるが、はたしてそれらを用いて、わたし達は平等・公平な社会・世界を真実に実現できるのだろうか、どうだろう。

主人（神）には主人（神）の基準がある。神の基準が活かされている世界を、神の国と言う。

この話が、神の国をたとえる主イエスの教えだったことに戻って考えると、神の基準がさらにクリアになる。それは、主イエスが語った「後にいる者が先になり、先にいる者が後になる。」（20：16）との最後の一言から伺える。神の国に入る時には、先頭にいる者は後ろに回り、後ろの方にいた者が先に入れる、との一言である。

神の国に入る時、その時に先頭に集まって来る人々は、元気で力もあり健やかだからこそ、さっと前に走り寄れるだろう。その時に遅れ、もたもたしてやっと後ろにたどり着ける人々とは、病や弱さのためにくずおれていたり、自分に自信を持てず下を向いていたり、鈍くて気付けず周囲から放り出されたりしている人々だろう。

5. 神の国を教える　―たとえ話1―　35

ここで、神の国に入る時の自分自身を想像してみよう。

　わたし達は、どちらにいるだろう。元気に先頭に立つだろうか。それとも、やっと後ろに立つのだろうか。今、元気で力もあり健やかなら、前の方に立てるだろう。しかし、疲れて気落ちし、遅れを取り、もたもたすることは誰にでもあるのだ。病や弱さのためにくずおれたり、自分に自信を持てず下を向いたり、ぼんやりして気付けなかったり、皆の足並みについて行けず孤立したり、といった事は人生の局面で何度も起きる。主イエスは、やっとの思いで後ろに立つような人でも、その弱さを考慮して神の国に先に入れる、と言うのだ。

　神の国とは、神が気前よくご自分のしたいようにする世界・国である。愛の世界・愛の国と言い換えてもよいのではないだろうか。

One more point

　主イエスのたとえには、種・麦・ぶどうと言った植物や、羊・山羊などの家畜など、ユダヤの人々の生活に則したものが取り入れられている。それらは、後に、キリスト教を表すシンボルや芸術作品のモチーフに使われるようになった。

　教会や学校の身近に見るそれらのデザインの起源を調べてみると、聖書の物語にたどり着いたり思いがけない発見をしたり、おもしろい知識の深まりを感じることだろう。

6. 神の国を教える －たとえ話２－

ルカによる福音書　15：11－32（新 p. 139）

　三つ目の強調　「放蕩息子」のたとえはルカ福音書独自の話である。15 章には、最初に「見失った羊」のたとえ（マタイに並行記事）、次に「無くした銀貨」のたとえ（ルカ独自）、最後に大きな物語として今回のたとえが登場する。一つ目は七節・二つ目は三節と短いが、最後のたとえは二十二節から成る長さで、しかも前半と後半の二部構成である。一・二・三と助走を着けてジャンプする如く、この最後の話が強調されているのが判るだろう。

　「見失った羊」「無くした銀貨」の両者は、見つかった羊・銀貨を喜ぶ言葉で締めくくられ、それが神の国の喜びであると物語る。そこで、最後に強調して語られた「放蕩息子」も、単に帰ってきた息子を喜ぶ父親の話ではなく、この世では喜べない人がいても神の国での大きな喜びであることを示すため、一ひねりされた話が加わったたとえ話となったようだ。

　三人の登場者・弟　話は明解で、父が神を、兄と弟は二つのタイプの人間をたとえている。父の財産半分を持って遠い国へ旅立った弟の話は、11 節から 24 節まで一息に展開される。

　親の財産を子が受け取るのは親が亡くなった時であるが、この弟は、存命中に父に向かって申し出たのだった。弟が述べたセリフをはっきり書いているところに、弟の気持ちが表現されている。そこで父親は財産を申し出なかった兄とこの弟に分けたのだが、それは同時に、この時点で財産すべてを失ったことを意味する。この時、父は何を思っただろうか。

　弟は財産をお金に換えて旅立つ。宝石類なら持ち運べるが、家畜や

土地など持参できないから換金した事情は理解しやすい。ところが、やがて無駄に使い果たした彼は、助けを求めてある人のところへ身を寄せたところ、その人は彼を畑にいる豚の世話をさせたのだった。つまり、その人は知人である彼を支えず、召使の中でも最もひどい仕事をさせて、食べ物も与えなかったのだ。「人」として扱われていないことに気付いた弟は、父の家に帰ろうと思い立つ。

今の彼は、出発前の財産をねだった彼ではなくなっていた。あの頃の弟・最初のセリフと今の弟・二度目のセリフは、正反対である。彼は**我に返って**言った。「ここをたち、父のところに行って言おう。『お父さん、わたしは天に対しても、またお父さんに対しても罪を犯しました。もう息子と呼ばれる資格はありません。雇い人の一人にしてください。』と。」（15：18）

父の家に帰った弟は、用意していた謝罪の言葉を語り出したが、すべてを言い終えるまでもなく父に迎えられ、喜ばれ、息子としての自分を取り戻したのだった。

この時、なぜ、彼は父のもとに帰ろうと思い立ったのだろう。他の仕事を求めてもよかっただろうし、他の人の家に身を寄せることもできたのではないだろうか。

三人の登場者・父　　ルカ福音書は、父が弟を待ちわびていた姿を描いている。「ところが、まだ遠く離れていたのに、父親は息子を見つけて、憐れに思い、走り寄って首を抱き、接吻した。」（15：20）冒頭の財産を分けてやった箇所はその事実だけが語れるが、ここでは丁寧に父の姿を物語っている。

そうして、初めて父のセリフも登場するのである。内容は細やかである。父のセリフは、弟の帰宅の喜びの言葉と、その後の兄をなだめる言葉の二つだけだが、そこにも意図がある。この二つは、父すなわち神が、弟と兄との二つのタイプで表現されるわたし達人間に語る言葉だからである。

38　　Ⅱ　愛を示したイエス・キリスト

出て行っていなくなった息子を見つけ迎え入れた父。しかも、裏切り見捨てるようにして自分の財産を持ち去った息子なのに、立ち帰って戻ってきたと喜ぶ父である。父にたとえられた神が示す大きな愛は、**赦しと喜び**を表している。

　父の二つめのセリフは兄に向けられた言葉だ。毎日働く兄は腹を立て、帰宅した弟だけでなく父にも背を向け、怒りをぶつける。その兄への言葉も父は細やかな配慮に満ちている。

　すぐに「子よ」と語りかけ、「いつも一緒にいる」（15：31）と述べた点である。父が兄を自分と同等に扱っている様子が伺える。その言葉を踏まえた上でセリフを読むと、父は自分もこのように楽しみ喜んでいるのだから共に楽しみ喜んでくれるはず、との兄に対する期待が込められているように感じられる。父はただ兄をなだめたのではなく、離れることなくいつも共にいるからこそ分かち合える信頼関係を確認したのだろう。神の大きな愛は、いつもある、途切れない**確かな信頼**に基づいている。

　三人の登場者・兄　　この話を深い理解へ導くのは、兄の存在である。前半の父と弟の話だけなら、弟の悔い改めを物語る、感動的な美しい話に留まるだろう。

　ここでわたし達の生活を振り返ってみたい。日常の生活を見回すと、わたし達には弟のような大変身する悔い改めの機会は「ない」と言えるだろう。弟のように、父の家を離れ放蕩な生活をしていないからだ。むしろ、兄のように、神に背くような事は慎むよう努力して毎日なすべき事を果たし、日々の営みに疲れを憶え、時には宴会を開いて楽しんでみたい、と思っているのではないだろうか。自由奔放な生き方をする人・やりたい放題している人に迷惑し、不平不満をため込んでいるかもしれない。そうなってくると、まじめな人は損をして、勝手な人が得をする、と腹立たしく思えて投げやりになる時もあるだろう。

　旧約聖書・創世記に登場した最初の兄弟、カインとアベルの物語を

6.　神の国を教える　―たとえ話2―　　39

思い出してみよう。兄カインは弟アベルの献げ物は受け容れられたのに自分の献げ物は目に留められなかった神に、不満を抱いていた。弟がエコヒイキされたように思えたのか、自分は神に見離されていると思ったのか、彼の心の様子は描かれていないので判らない。しかしながら、神はそのカインに何度も声をかけていた。神は絶えることなくカインを見守り、罪を犯さぬように助言されたのだ。「いつも共にいてくださる」という神の愛に気づけなかった兄は、やがて弟を殺してしまったのだった。

　今回のたとえ話では、父が兄に、いつも共にいる・途切れることのない信頼を示している。この話には描かれていないが、やがて兄は父の言葉に込められた大きな愛に気づいて、外へ呼びに来てくれた父と共に家に入り、弟の帰宅を楽しみ喜び祝ったことだろう。この、外に出ていた兄が父の家の中に入る変化も、ささやかながら変身である。小さな悔い改めなのだ。弟が帰ってきた事も大きな喜びだが、兄が家に入った事も大きな喜びなのだ。父にとっては、弟もかけがえのない財産以上の宝であり、また兄も財産とは比較できない父の宝なのだ。

　加えて、もう一人、セリフがある登場人物の僕にも注意を払おう。彼は、兄に事実を伝えはしたが、父と共に喜んだのではなかった。彼は僕として主人（父）の願う事を支えはするが、子ではないので、父の喜びを共にすることはできないのだ。だからこそ、兄は、「子よ」と父に語りかけられて、父の子である喜びを再確認したのではないだろうか。父の息子である自分を取り戻せたのではないだろうか。

One more point

　「放蕩息子」は多くの画家たちが絵画のテーマとして作品を残している。17世紀を代表するオランダの画家レンブラントは、「放蕩息子の酒宴」と「放蕩息子の帰還」を描いている。この二つの作品は様々な画集やネット上にも載せられているので、双方共に観ておくとよい。聖書を読んだ上でこれらを観ると、心に響く作品鑑賞になるだろう。

7．病をいやす －奇跡－

マルコによる福音書　5：21—43（新 p. 70）

　隠さず述べる　「ヤイロの娘とイエスの服に触れる女」と小見出しのついた記事は、マタイ・マルコ・ルカの、それぞれに納められた主イエスの奇跡である。

　今回扱うマルコ福音書は、四福音書の中の最初に書かれた記録で、全体は十六章（38ページ）で構成されている。マタイ福音書は二十八章（60ページ）、ルカ福音書が二十四章（64ページ）、ヨハネ福音書は二十一章（50ページ）で書かれているので、マルコ福音書の特徴はシンプルで短い記録と言える。他の三つの福音書では長く書かれた記事も、マルコでは簡潔にまとめられているのだ。ところが、今回の記事は例外で文章量が多い。執筆したマルコがこの奇跡の出来事を重視して、細やかに記録したためと言えよう。

　記録は、主イエスが湖の向こう岸に渡ったところから始まり、直前に居たゲラサ人の地方から舟で到着した様子が伺える。舟で近づいてきた主イエス一行に気づいた人々は集まり始め、群衆となって出迎えたのだった。人々が主イエスを待ち構えて迎えた理由は、何と言っても病人やけが人・生まれつき体が不自由な人をいやしてもらうためだったろう。

　その群衆をかき分けるようにやって来た会堂長ヤイロ。彼は主イエスにひれ伏したのだった。

　「会堂」「会堂長」については聖書付録の「用語解説」に目を通しておこう。

　ヤイロは、礼拝をしたり律法を学んだり集会をする会堂を管理し責任を担う重要な役職にあるので、ガリラヤ湖のほとりに集まっていた群衆から尊敬され、一目置かれていた。そのヤイロが、一介のさすら

いの伝道者、身なりも貧しい主イエスにひれ伏したのだ。周囲はさぞ驚いたことだろう。

彼はしきりに願った。「わたしの幼い娘がしにそうです。どうか、おいでになって手を置いてやってください。そうすれば、娘は助かり、生きるでしょう。」（5：23）　ヤイロは、会堂にやってきて神の国を語り聖書を教える主イエスを知っていたのだろう。が、ユダヤ教指導者のファリサイ派の人々にもサドカイ派の人々にも快く思われていない主イエスとは一定の距離を置き、自分の立場を保っていたと思われる。

しかし、死に瀕した娘を目の前にして、救えるのは主イエスしかない、と急いでやってきたのだ。この時のヤイロには、主イエスを救い主と信じている自覚はなかっただろう。それでも、主イエスの他に誰も救えない、と必死に叫んだのだ。

わたし達も、自覚していなくても直観的にホンモノを見出すことがある。特に、ワラをも掴みたくなる必死な時に、平常時には考えられない思わぬ行動をしたり、想像をはるかに超える力を出したりもする。そうして、危機的状況を乗り越えていく。神は、わたし達一人一人に、生き抜く力を潜在的に備えてくださっているのだろう。

隠れず述べる　　ヤイロは主イエスを先導しつつ、重篤な娘のもとへ急いだ。一分一秒を争う救急患者である。にもかかわらず、当の主イエスが立ち止まってしまったのだ。ヤイロは焦ったのではないだろうか。

12年間も出血が止まらない病に苦しむ女性が、人ごみに紛れて主イエスの服に触れたのだ。この女性は、多くの医者に診てもらっても治らず、全財産を使い果たすほどまで手を尽くしたのに、ますます悪くなる一方だったと言う。12年間もの長い間、どれほど苦しんだだろうか。治らない自分をあきらめて、死を考えたのは一度や二度ではなかったろう。

さらに彼女を苦しめたのは、このような止まらぬ出血は汚れている

と考える規程（レビ記15章を参照）である。このような女性には触れてはいけないと定められていたから、彼女は家族や友達に遠慮し、誰とも接触しないように、どこにも出かけず家にこもっていただろう。重い病は、罪を犯したために神から受ける罰と思われていた時代である。彼女は罪深い自分の病を一人で背負い、何年もの長い間自分を恥じて、誰とも語り合いもせず独りで生きてきたのではないだろうか。

　彼女もまた、病をいやせるのは、救えるのは主イエスしかない、とやって来たのだ。ただし、他者に自分の病を知られぬように、顔を隠し体をも隠すように、そして、自分の病を考えて主イエスに迷惑をかけぬように心を使ったのだろう。群衆でごった返している今が、チャンスだった。

　ところが、突然、主イエスが自分の方へ振り返った。後ろを向いて声をかけてきたのである。

　いやされた事を体に感じた彼女は、主イエスには隠せないと感じ、ひれ伏してありのままを語った。それは、自分の病を群衆の前で暴露することでもあった。が、主イエスは皆にも聞こえるように言ったのだ。「娘よ、あなたの信仰があなたを救った。安心して行きなさい。もうその病気にかからず、元気に暮らしなさい。」（5：34）

　病はいやされた。病のため汚れた者とされていたレッテルも剥がされた。それでもなお、主イエスはこの女性と話し続けていたことが35節に記されている。彼女は何年ぶりで対話を楽しんだだろう。

　この時、主イエスは緊急事態に臨み先を急いでいる最中だった。周囲には相変わらず先へ急ごうとせかす弟子がいたのだ。けれども、主イエスはこの女性のいやしを優先されたのだった。

　隠れてはいられない　　一方、ヤイロは一刻を惜しんで胸が高鳴っただろう。間に合わないかもしれないのだ。

　やがて、知らせが入った。「お嬢さんは亡くなりました。もう、先生を煩わすには及ばないでしょう。」（5：35）　がっくり肩を落とすヤ

7.　病をいやす　－奇跡－　　43

イロの姿が目に浮かぶのではないだろうか。

　だが、主イエスは「恐れることはない。ただ信じなさい」（5：36）と声かけ、歩き出したのだった。「子供は死んだのではない。眠っているのだ。」（5：39）と語る主イエスに、泣いていた人々はあきれたが、主イエスは少女を起き上がらせた。そこで「人々は驚きのあまり我を忘れた。」（5：42）のだ。

　この日、12年も出血が止まらず苦しみ続けた女性がいやされ、12才の少女が死んだのに生き返った。衝撃的な出来事に出会った人々だが、主イエスにだれにも知らせないようにと厳しく命じられた。うわさ話には尾ひれ胸びれが付いたり、不思議な出来事だけに注目したり、主イエスの奇跡の真理が見えなくなるからである。

　とは言え、出血症がいやされた女性は隠れることなく、日常の町の生活に元気な姿を表し、健やかに自分の人生を歩む姿を隠さなかっただろう。復活した12才の少女も元気な姿を会堂にも湖のほとりにも表して、健やかに成長していく姿を隠さなかっただろう。主イエスによっていやされた二人の女性は、それぞれの光を輝かせた人生を歩んだのではないだろうか。

　「あなたがたは世の光である。　－略－　あなたがたの光を人々の前に輝かしなさい。人々が、あなたがたの立派な行いを見て、あなたがたの天の父をあがめるようになるためである。」（マタイ5：16）　山上の説教で主イエスが語られた一言が思い出される。

One more point

　主イエスは、ご自分の利益になるような奇跡は行わなかった。

　奇跡を起こされる時は、わたし達の常識や思い込みを超え、目の前のある一部分だけではなく全てに及ぶように行われている。

　今回の出来事は、主イエスを象徴する奇跡と言えよう。

8. 病をいやす　－救い－

ルカによる福音書　17：11－19（新 p. 142）

　声を張り上げる　　主イエス一行を出迎えた10人。彼らは首を長くして待っていた。

　13節の呼びかけの「イエスさま」という言葉は、聖書の中で唯一ここだけに使われている言葉である。主イエスについては「イエス」「主イエス」「イエス・キリスト」との呼称が多い中で、ひときわ目立つ呼びかけだ。現在、わたし達は**新共同訳聖書**を読んでいるが、それ以前に使われていた**口語訳聖書**でも、ここは唯一の同じ「イエスさま」と訳されており、病人達のいやしを求める必死な思いが伝わる呼びかけになっている。

　重い皮膚病だった彼ら。この皮膚病は伝染性が高く、日常生活に大きな影響を及ぼす病として恐れられていた。この皮膚病は、ユダヤのみならず世界の各地で隔離され続けた歴史がある。聖書が書かれた古い時代ではなおさら恐れられて、感染を防ぐねらいも兼ね町や村など人の多い地域から山奥や谷底などへ隔離したようだ。旧約聖書レビ記13章には細かい規定が記されている。

　このような事情があったために、10人の病人は主イエスに近寄れず、遠くに立ち止まったまま叫んだのだった。13節の呼びかけた言葉の中に「憐れんでください」がある。聖書にしばしば登場するこの言葉は、みじめさを憐れむ・弱さや貧しさを憐れむ、というよりは、愛する・慈しむという意味が込められて用いられる。

　彼らは「治してください」とは叫ばなかった。「憐れんでください」と声を張り上げたのだ。家族から離れ、友や仲間から離れ、社会から切り離されて生きていた10人は、病気の苦しさだけでなく親しい者達と引き裂かれた痛みも背負っていた。治らない病気、先の見えない

8. 病をいやす　－救い－　45

暮らしに、どれほどの絶望感を抱えていただろう。心の底から希望の光を求めていたのではないだろうか。「イエスさま、どうか憐れんでください」とは悲しい響きだ。

　この10人の病人が、年を重ねた熟年層の大人なのか若い青年層の人達か、また男女の性別も判らない。この福音書に書かれていないからだ。が、他の三つの福音書と比較すると、執筆者ルカは、個人名を書いたり丁寧に人物描写をしたり正確な記録を心掛けている。にもかかわらず、10人に関し詳細な紹介がないのは、判らなかったためではないかと思われる。重い皮膚病を患っていた人達が、患部の顔や体を大きな布地や包帯のような布で巻き、覆っていたからである。暑い真夏でも肌を出せなかっただろう。しかし、声の限りに愛を求め「イエスさま」と呼びかけた率直さは、10代の若い人達の姿を思わせる。

　見る・見せる　　主イエスは彼らを見て、祭司達に体を見せなさい、と言われた。巻き付けていた布や包帯をほどいて、自分の顔・体をみせなさい、と言われたのだ。

　そもそも、彼らはただ憐れんでくださいと言っただけであった。自らの病について、何も語りはしなかった。それでも主イエスは10人の病を見抜き、彼らが背負っている心の重荷も見抜かれたのだ。

　この中近東の地域一帯は、少ない雨量のため水が乏しい。小川や泉、井戸も手近な所になかったであろう。2000年もの昔の話である。町や村から締め出された病人達が、どれほど不衛生で飲食にも恵まれない生活をしていたか想像に難くない。おそらく、主イエスのみならず、同行していた弟子達も病人達の厳しい現実を見て取ったことだろう。誰の目にも見ればすぐに解る汚れた人だった。だから、他者の目を避け、隠れるようにして生きていた。見られたくなかった、いや見られてはならなかったのだ。しかし、今、姿を現し大声で呼びかけて、主イエスの目に留まるよう並んだのだった。

　「彼らは、そこへ行く途中で清くされた。」（14節）とは、主イエス

が彼らに触れずにいやした事を示している。姿を見せるだけで精いっぱいだった病人達は、治療のためとは言え、崩れた皮膚を見られ触れられるのは死ぬほど恥ずかしいことだったろう。特に、若さ溢れる美しい肌年齢の世代なら、なおさらだろう。主イエスの病人に対する思いやりが感じられる。

10人は、いやされたことを確認してから祭司に見せに行ったのではなく、未だ治っていない状態だったにも関わらず歩き出した。主イエスなら必ず清めてくださる、と信じていたからである。途中で皮膚病が治り健康な肌に戻った10人は、汚れた人間ではなく清められた人間に戻ったと祭司に保証してもらおうと急いだ。家族・仲間の元に帰れる、と足も軽く前へ進んだだろう。

ところが、一人が祭司の保証を得る前に健やかな体を主イエスに見せに戻ったのだ。「この人は**サマリア人**だった（16節）、とあり、「この外国人のほかに」（18節）との主イエスの言葉から他の9人がユダヤ人だったと判る。日ごろ、ユダヤ人に正しい信仰から外れた人々と嫌われ疎外されているサマリア人が、神を賛美し、主イエスにひれ伏し、全身で感謝を表したのだった。

10人の病人は、主イエスに会った時には布で覆われていた。どこの誰か判らない、人の形だけを見せていた。そして今、一人だけ、主イエスに自らの素の姿を見せ、どこの誰かを明らかにしたのだ。

　あるがままの姿で……　　主イエスは、10人の病人の隠す気持ちをそのまま受け入れいやした。

他者に近寄ってはならない、布で覆って隠さねばならない当時の習慣に従ったとは言え、病を隠し、病に侵されている自分自身を隠したかっただろう。

わたし達にも「隠す気持ち」はある。気づかないうちに、自分の弱さやみにくさを隠そうとしているだろう。わたし達が抱えている**劣等感**（コンプレックス）はやっかいだ。わたし達の日常は沢山の人々に

囲まれているから、知らぬ間にその多くの人達と自分を比較し、周囲にアンテナを張って生きている。身体的、能力的、経済的、生活的、等々の劣等感は、わたし達が共通に抱えるものである。家族や友達・仲間といった身近な人間関係の中では個人的な劣等感を持つが、学校や会社などの所属する単位で、さらに民族や文化といった大きな単位で、他の単位に対して劣等感を抱くこともある。

劣等感は「どうせ自分（達）は……」と思い込んで萎縮したり、相手への「しっと」のため攻撃的になったり、周囲に認められようと自慢したり大きな態度を取ったり、色々な形で現れる。自己主張せずに控えめな人でも、劣等感のため自分を卑下している場合がある。鋭く問題点を指摘する人の中には、自分よりも優れている相手にいら立っている場合もある。また、成功話や奇想天外な経験談を語り自己アピールをする人の中には、輝かしい話とすることで知られまいとする境遇や未熟な知識を覆う場合もある。

劣等感はどの人間も抱えている。皆が持つ劣等感は、神から与えられた恵みとも言える。この劣等感から向上心や謙虚さが養われ、視野が広がる。劣等感を悪い感情と決めつけてはならない。劣等感を否定することは、自分自身を否定することにつながりかねない。

あの一人は、布を取り去りサマリア人である自分を明らかにし、自分が自分であることを認められて救われたのだ。

One more point

「重い皮膚病」は、現在の日本にも見られる病である。この病気・病人に対する社会の流れには重い歴史がある。そして、その歴史の中には、社会に抗して心を尽くし清い働きをした人々も多々登場する。各地に点在する療養所の生い立ちと歴史を調べてみよう。

9．命の糧を与える

ヨハネによる福音書　6：22—71（新 p. 175）

パンを求める人々　　この聖書箇所は「その翌日」と始まっている。まず、この前日の「五千人に食べ物を与える」（6：1 – 15）の出来事を押さえておこう。

湖の向こう岸に主イエス一行が訪れた際、大勢の群衆が集まってきたので、主イエスは少年が差し出した五つのパンと二匹の魚を弟子達に配らせたのだった。食べて満腹した数は男性だけでおよそ五千人と言うが、女性や子ども達もいたに違いないから、相当の数の人々が食べ物を受け取っただろう。しかも、無駄にならぬように集めた残りが12籠にもなった、と記されているから、目を見張る奇跡である。それが前日の出来事だ。

この出来事の最後には意味深い一文がある。「イエスは、人々が来て、自分を王にするために連れて行こうとしているのを知り、ひとりでまた山に退かれた。」（6：15）人々は、満腹・満足の食事ができたので、主イエスが主君になれば楽な生活ができる、と思いついたようだ。

当時の人々はローマ帝国の属国として重税にあえぎつつ、やせた大地と乏しい雨量に苦労しながら作物を得ていた。荒野に囲まれ羊や山羊などの家畜も十分に育てられず、一生懸命働いても彼らは絶えず空腹を感じる状態だったから、欲しいだけ食べ満腹した時には至福を味わったことだろう。どの時代のどの地域も「飢え」との戦いがある。群衆は、主イエスが王になれば「飢え」から解放される、と期待したに違いない。

今回の聖書箇所は、その続きとして始まっている。前日にパンを食べた群衆が主イエスを追いかけてきたのである。その彼らに向かって

9．命の糧を与える　49

主イエスは言われた。「朽ちる食べ物のためではなく、いつまでもなくならないで、永遠の命に至る食べ物のために働きなさい。これこそ、人の子があなたがたに与える食べ物である。」(6：27)

主イエスの言葉の「永遠の命に至る食べ物のために働く」が「神の業を行う」(6：28) ことだと受けとめた彼らは、何をしたらよいかと尋ねて「神がお遣わしになった者を信じること、それが神の業である。」(6：29) との答えを得ている。

飢えを満たす食べ物を求めて追いかけてきた彼らだったが、話の中心は、現実的な食糧から永遠の命を与えるものへ移っていったのだ。

それでも、旧約聖書「出エジプト記」に記録されている天からのマナを食べた先祖の経験を学んでいた彼らは、飢えを満たす食糧と受けとめ、話のポイントはずれてしまった。

ここで話題を変え、人間が働く目的に触れられた主イエスの言葉を心にとめておきたい。

わたし達は様々な労働に就き生きるために働く。それは、飢えを満たすため・生活の手段、と言い切れない。決められた作業をこなす労働と見える中にも多くの人の生活を支える意味があったり、前の世代から受け継いで次世代に良きモノを渡す意味があったり、働くこと自体に生きがいとなる意味や価値が含まれている。さらに主イエスは「永遠の命を得るため」と究極的な目的を示された。

現代のわたし達は、職業や仕事の場所・種類が豊富で自由な選択が許されている。生き方自体にも多くの選択肢があるため、何を基準にどのように選ぶか迷いは尽きない。それでも、せっかく自由な時代に生きているのだから、主イエスが示されたわたし達人間の働く目的を心に記して、一つ一つ自分で見極め自分を活かす人生設計を描いていこう。

まことのパンを与える天の父　　主イエスは、「神のパンは、天から降って来て、世に命を与える」(6：33) と語り、「わたしが命のパン

50　Ⅱ　愛を示したイエス・キリスト

である。わたしのもとに来る者は決して飢えることがなく、わたしを信じる者は決して渇くことがない。」(6：35) と人々に伝えた。さらに加えて「わたしの父の御心は、子を見て信じる者が皆永遠の命を得ることであり、わたしがその人を終わりの日に復活させること……」(6：40)「わたしは、天から降って来た生きたパンである。このパンを食べるならば、その人は永遠に生きる。」(6：51) と繰り返された。

自分自身のことをパンだと語った主イエスに驚いた人々は、人の肉など食べることはできない、と怒りを表し、激しく反撃し始めた。話のポイントがずれていることに気付けないのか、それとも気付こうとしなかったのか、判らない。

と同時に、福音書は弟子達の中にも驚き、疑問を抱き、多くの者が離れ去った様子を記録している。この聖書箇所の始まりでは、多くの者・群衆が集まってきた場面だった。前日に得たパンを今日も貰おうと集まってきていた。が、今や、多くの人が去っていった。パンを貰えなかったからだけでなく、理解しがたい主イエスに背を向けたのだ。

弟子になった者達さえも去り始めたのだ。病人や体の不自由な者へのいやしを讃え、神の国の話に心を打たれて感動し、主イエスの弟子として従う決心をしたはずだったが。主イエスは、「あなたがたはこのことにつまずくのか。」(6：61) と声をかけている。

まるで流行の波に乗ったように追い求め、潮が引くように立ち去っていく人の群れ。このような集団行動に現れる心の動きは、この先の福音書の記録にも随所に描かれているので、心を配って読んでいきたい。

しかしながら、シモン・ペトロは「あなたは永遠の命の言葉を持っておられます。」(6：68) と主イエスに告白し、離れず従い続ける思いを強くしたのだった。彼は、主イエスが与えるパンが**御言葉**であることに気付いたのだ。

既に本書で学んだ「2. 誘惑を受ける」の授業を思い出してみよう。神の子として活動を始めるに際し、主イエスは悪魔からの最初の誘惑

9. 命の糧を与える　51

（石をパンに変える）を受けた時に、「神の口から出る一つ一つの言葉で生きる」（マタイ4：4）と答えていた。ペトロの告白は、主イエスの話のポイントを捉えた深い答えである。

One more point

　パンの歴史は大変古い。

　世界最古と言われるメソポタミア文明の地域に位置するテル・アブ・フレイラ遺跡では、人類最古の農業例が見られる。最古の小麦やライ麦などの栽培の形跡が見つかっている。麦は、中央アジアや西アジアを中心に、紀元前1万数千年前から栽培されていたと言う。2018年7月、ヨルダンで1万4000年前の化石化したパンが発見され話題を呼んだ。

　長い歴史がある「パン」は、時代や地域によって用いる麦の種類や焼き方も異なり、千差万別である。

　ヨーロッパではキリスト教文化と共にパンの文化が発展している。中世には、教会が小麦を粉にする権利やパンを焼く権利を持っていた。貴族たちは所有する水車などでの粉ひき・頑丈な窯でのパン焼きが行えたが、貧しい農民は焼き立ての柔らかいパンを口にする事などできなかったようである。

　日本では明治の開国以降にパンの文化が入り始め、現在も銀座にある木村屋総本店が最も古いパン屋と言われている。

10. エルサレムを目指す

ルカによる福音書 18：35―19：10（新 p. 145）

　公生涯のしめくくり　　この聖書箇所は、エリコの町の外側と内側で起きた出来事の記録だ。最初に聖書巻末の**聖書地図**の「第6図　新約時代のパレスチナ」を見て、位置を確認しよう。エリコは地図の下方、イスラエルの都エルサレムから直線距離で20キロほど東にある。

　主イエスはおよそ30歳から3年間の公生涯を送ったと言われ、活動の中心は地図の上方・ガリラヤ地方だった。育った町ナザレを離れてヨルダン川で受洗した主イエスは、穏やかな田園地帯と言われるガリラヤを巡り歩いて宣教活動を行った。弟子達に出会ったガリラヤ湖、ヤイロが会堂長を務めていたカファルナウムの町など、これまで学んだ聖書箇所は、地図の上方にある。

　ガリラヤ地方での宣教活動で多くの人々が従うようになった主イエスは、12弟子を筆頭に女性を含む弟子達と集団生活を営み、弟子達を病に苦しむ人や心に重荷を負う人に遣わして、活動の輪を拡げていた。こうして、主イエスが営むグループは大きな集団になっていったのだった。

　やがて、主イエスは、神の御心を成し遂げるために神殿があるエルサレム上京を決意し、弟子達を伴い旅立った。この決意には、エルサレムで地上での生涯を終える覚悟があった。が、同行していた弟子達はその覚悟を理解できず、主イエスに心から信頼を寄せつつも、どこか不安を感じるようになっていった。同時に、主イエスがエルサレムで成し遂げようとする大きな事に望みをかけて、新たな王国の誕生や社会の大変革を夢見たのだった。

　一方、主イエスはこの世での残り少ない時間を思い、最後まで救いの業に力を尽くしていった。

町の外で　　　この聖書箇所はエリコの町に入る門の手前、町の外での話から始まる。

物乞いをするため座っていた一人の盲人が、主イエスに気づいて立ち上がり近寄ったのだ。彼は叫んだ「ダビデの子イエスよ、わたしを憐れんでください。」（18：38）　弟子達は、集団の先頭を進む主イエスを押し迫る人々からガードマンのように守ろうとして、この盲人を叱りつけ、遠ざけようとした。それでも、彼はひるまず叫び続けたのだった。「ダビデの子よ、わたしを憐れんでください。」（18：39）

目が見えず物乞いをしている彼の姿を見れば、事情はすぐに察せられただろう。殊に主イエスなら、見抜かれたはずである。にもかかわらず、主は言われた。「何をしてほしいのか。」（18：41）この問いかけは、考えてみれば不自然、いや不親切と言える。言わなくても解るはずだ。それでも、盲人ははっきりと答えた。「主よ、目が見えるようになりたいのです。」（18：41）

ここで、わたし達も自らの姿を振り返って考えてみたいポイントがある。それは、わたし達の日常のコミュニケーションで、「察する」を大事にしている点である。

日本の文化の特徴にも挙げられる「察する」は、思いやりや共感性を養い、他者への心遣いや相手をよく見るプラスの面がある。

その反面、言葉での表現が苦手になったり、意見を述べる人を自己主張と捉えて嫌ったり、言わなくても判るはずと思い込んだり、といったマイナス面も伴う。日本に暮らすわたし達は、長い歴史の中で育まれた一つの言語・日本語でコミュニケーションを取る。他国と比較しても識字率は高く、「標準語」は全国に普及し、他の言語を使う必要がない。このような背景があったからか、さらに「察する・察してもらう」といった独特な表現・理解の方法も発展してきた。「以心伝心」や「一を聞いて十を知る」「一を以て万を知る」といった諺は、このような文化を象徴するだろう。

主イエスのコミュニケーションには、相手を本来の姿に引き出す特徴がある。今回の場合だと、直してもらおうと願っている訳だ。だが、ストレートに口に出さない・遠慮や周囲への気遣いなどによって、自分自身の治りたいとの本来の願いが隠れ、はっきり表現しなくなっていたようだ。主イエスは、自身の本当の願いをしっかり言葉にすることによって、他者だけでなく自身にも伝える自覚的な意識へ導いているのだ。

　自分に向き合い、自分が何を望み、何をしようと願っているのか、どのように生きようとするのか、自ら問い、自ら答えを見出すように導くのだ。**依存**ではなく**自立**の姿勢へと導いているのだ。

　盲人は「目が見えるようになりたい」と声に出した。

　その通り、この後、彼の目はただ目に映るモノを見るだけでなく、神の御心の成就としかいいようのない大いなる業を見ることになったのだった。

　町の内で　　この聖書箇所の場面は、次の19章でエリコの町の中へ移る。登場するのは徴税人のザアカイである。聖書巻末の「用語解説」（p.35）で**徴税人**に関する理解を得ておきたい。

　彼は「徴税人の頭で、金持ちであった。」（19：2）と紹介されており、先の盲人とは正反対の生活ぶりである。とは言え、盲人は、貧しくても通りを行き交う人の優しさに支えられた生活だった。が、ザアカイは群衆に嫌われ、遮られ、お金に支えられた生活だったのだ。

　ただ、彼には尋ね求める力があった。

　自分に向き合い、自分が何を望み、何をしようと願っているのか、どのように生きようとするのか、自ら問い、自ら答えを見出そうとする力があった。その力を主イエスは見逃さなかった。「ザアカイ、急いで降りて来なさい。今日は、ぜひあなたの家に泊まりたい。」（19：5）　まるで、旧くからの友達のように名指しで声をかけたのだ。

　ザアカイは変化した。誰から強制されたのでもなく『自分の財産を

10. エルサレムを目指す　55

貧しい人に施し、主イエスに従った」のだ。彼の人生は変わった。

その大いなる**回心**の場面を、あの盲人は見た。目の見えなかった彼は、目の見える人でも見えない「ザアカイの家に訪れた神の救い」が、ハッキリ見えるようになったのだ。

One more point

主イエスの地上での生涯は、様々な話をつなぎ合わせるように福音書に記録され、四つの福音書ではそれぞれ異なる話題も多い。けれども、十字架の死・復活の記録は、四福音書とも、大変詳しく描き、その分量も共通して多い。

最後の一週間の、日曜日・エルサレムの町に入る場面、月曜日以降の神殿での出来事や論争、木曜日・洗足や最後の晩餐（日没前に取っていただろうと仮定）、金曜日・ゲツセマネの園の祈り、逮捕、裁判、判決、十字架刑、埋葬といった一連の流れを掴んでおくとよい。四つの福音書から拾い出し、表にまとめてみるのも良いだろう。

週末の土曜日・**安息日**の意味についても調べてみよう。

11．十字架に向かう

マルコによる福音書　11：1—12：34（新 p. 83）

エルサレム到着　　今回扱う聖書箇所は、主イエスの最後の一週間に位置し、エルサレムに到着した初日、「翌日」（11：12）、「翌朝早く」（11：20）、と日付が変わっていく様子が記されている。

主イエス一行がエルサレムの町に入ったのは、週の始めの日曜日である。

キリスト教の多くの教会では「棕櫚の日曜日」と呼んでいる。エルサレムの多くの人々が歓迎の意を表して、自分の服（大きな布）や葉の付いた枝を敷いた事に由来している。それは、まるでスポーツ競技で優勝したプレーヤーのパレードのような光景だったろう。この大歓迎の有様は、神の御心に従い抜こうとする主イエスの表面には見えない決意に気付かず、群れをなして登場した一行の勢いに乗じた付和雷同の集団行動とも言えよう。このように歓迎した群衆が、わずか数日後の金曜日には、主イエスを十字架にかけるよう叫ぶのだ。

一方、主イエスは、エルサレムに到着した後に神殿の境内に入って辺りを見て回った、と 11 章 11 節で書かれている。熱狂する群衆の姿とは裏腹に、静かに神殿を見回る姿に、大歓迎に酔うことのない主イエスの強い意志を、執筆者マルコは感じ取ったのではないだろうか。

神殿、それは祈りの家　　やがて、主イエスは神殿での活動を始める。最初に行ったのは、「神殿から商人を追い出す」と小見出しが付けられた段落にあるように、商人を追い出し、便利な通路のように使うことも禁じたことだった。

そして、人々に教えられたのだった。「こう書いてあるではないか。『わたしの家は、すべての国の人の祈りの家と呼ばれるべきである。』

11．十字架に向かう　57

ところが、あなたたちはそれを強盗の巣にしてしまった。」(11：17)

　場面は、神殿の内部・庭や回廊ではなく、境内である。だから、当然、礼拝するために訪れていた人々も多かったことだろう。真剣に神に向かおうとしていた人々もいたはずだ。病や貧困、圧迫を加える帝国に対する怒り、ささやかな幸せと平和を求めて、遠路はるばるやってきた参拝者もいたのではないだろうか。神の救いを求めてやってきた人々が目にしたのは、お金で豊かさを得ようとする社会の縮図、便利さを優先させ本来の目的が置き去りにされた情景である。このような神殿内部を見た人々は、ここに神はいない、と感じ取り嘆いたのではないだろうか、どうだろう。

　しかしながら、主イエスは「教えて言われた」のだった。嘆き、怒っただけではないのだ。

　この場所が、どのような場所なのか、教えられなければ解らないからだ。

　この事は、わたし達も心に刻んでおかねばならない事だ。本来の目的とは異なる何かのために流用せねばならないケースは、わたし達の生活の中でもしばしば起こる。災害などのために、不慮の事故のために、健康上の理由で、等々その時々に応じて本来の目的とは異なることに、建物・道具・法律等々を使うことがある。臨機応変の対応は必要だ。しかし、それは、緊急の対応・仮の使用であって、元に戻す事を忘れてはならないだろう。

　ともすれば、本来の目的とは異なる使い方が当たり前になってしまいがちで、特に、知らなければ、教わっていなければ、時間の流れと共に入れ替わってしまう危険がある。

　本来の姿に戻す時には、現状に慣れ親しんだ人達から反発があり、痛みを伴う。知らなければ、教わったこともなければ、反感は一層募るだろう。殊に大勢の人々が慣れ親しんで反対が多ければ、本来の目的自体を改める事態にもなりかねない。民衆の意見が正しいとは言え

ないから、判断は大変重要だ。皆で本来の目的を知り、共有し、その上で共に判断していかねばならない。主イエスの「教えて言われた」姿勢に、民主主義の在り方を考えさせられる。

主イエスは、境内に集まっている人々が幼い頃より学んできた神の言葉を思い出させた。神殿の本来の姿が書かれている預言書である。「新約聖書における旧約聖書からの引用箇所一覧表」にイザヤ書56章7節とある。この箇所を含むイザヤの預言書は、52章の「主は王となられる」「主の僕の苦難と死」から54章「新しい祝福」、55章「御言葉の力」、56章「異邦人の救い」に目を通しておきたい。主イエスは、神殿を建てた先祖の思いをも思い起こさせつつ、この場所が全ての人の祈りの家であることを示したのだった。

陥れようとした指導者達　けれども、神殿で神に仕える人々の心には他の思いが湧き上がった。指導的立場にある自分達への非難と受け取り、主イエスを陥れ失脚させようと企み始めたのだ。

この聖書箇所には、11章27節には**祭司長・律法学者・長老**たちが、12章13節には**ファリサイ派**や**ヘロデ派**の人が、18節には**サドカイ派**の人々が主イエスのところへ来て問いかけ、言葉じりをとらえて陥れようとしている様子が記録されている。本書ですでに触れている人々もいるが、今一度、彼らの立場や役割を聖書巻末の「用語解説」で確認しておこう。

ここで気を付けておきたい点は、彼らは彼らなりに神への信仰を大切にしているつもりだったことだ。神に背いているつもりなど、ないのだ。律法の書と言われるモーセ五書やいくつもの預言書、詩編や歴史の書も、古語を解読して正確に解釈しよう努め、彼らなりに頑張っていたのである。ローマ帝国の属国になりその圧政に苦しんでいた当時、唯一ユダヤ人としての自治が認められていた宗教活動は、民族の誇りや伝統文化の伝承を支えた。宗教指導者達は、神に選ばれ奴隷の地エジプトから脱出できた先祖を思い、いつか必ず神はこの苦境から

脱出させてくださると信じ、それぞれの派・グループを形成しながら神への信仰を大切にし、神の掟を守り、いつか独立する日を夢見ていた。だからこそ、おかしな考えが入り込んでくることを恐れ、流行のように現れては消える人気ある指導者を排除し、神の前に忠実なユダヤ人でいようと励んだのだった。

しかしながら、そこに落とし穴があった。神への信仰を守る目的のために具体的な手段とされた規則や慣習が、いつの間にか重要な事項と見なされ、目的と手段が入れ替わってしまったのだ。そのため、主イエスが、本来のあるべき神殿の姿を目指していたことに気付けなくなっていた。

加えて、もう一つ気を付けておきたい点は、彼らが絶えず集団で主イエスに対面した点である。彼らの中にも色々な意見があり様々な人がいたであろうに、一つの大集団になることで個々の意見や考えは埋もれてしまっただろう。多様な意見の中で、より良い考えを見出せなくなってしまったようだ。

彼らは厳しい時代に生きた志しの高い指導者達だったと思われる。主イエスとの出会いを、本来の志しを全うする機会にすることも可能だったろう。

だが、残念ながら、彼らはそのチャンスを失ってしまった。やがて、主イエスを抹殺するため、帝国によって十字架刑に処せられるよう団結していったのだ。

One more point

「皇帝のものは皇帝に、神のものは神に返しなさい。」(12：17) と語った主イエスの言葉は、変遷していく時代を超えて、わたし達の人生の普遍的な目的を示す一言である。

人の世だけでなく、神の国を見つめるわたし達でいたい。

12．裏切られる　－主の晩餐－

ルカによる福音書 22：1—34 ＋：47—62（新 p. 153 ＋ p. 155）

　過越の食事　　今回の箇所は、最後の晩餐になった食事を挟んで刻々と十字架刑に向かう主イエスの傍らにいた弟子達を追う。前項の続きとなる今回は、最後の一週間の木曜日～金曜日にかけての二日間の出来事である。当時のユダヤの人々は、一日を「日没～翌日の日没前」としていた事を念頭において読み進めていこう。

　今回の箇所の最初は「イエスを殺す計略」である。ここには 12 弟子のユダにサタンが入ったことが記され、それで主イエスを引き渡すチャンスを作る代わりにお金を得た次第が書かれていた。並行記事のマタイ福音書では、ユダが銀貨三十枚を受け取ったことを記録している。（マタイ 26：15）

　その後、**過越の祭り**（除酵祭の日）を憶えてパンとぶどう酒をいただく食事へと繋がる。「苦しみを受ける前に、あなたがたと共にこの過越の食事をしたいと、わたしは切に願っていた。」（15 節）との主イエスの言葉には、どのような思いが込められているだろう。聖書巻末「用語解説」にある**過越祭**を読み、言葉の背景を確認しておこう。

　この食事の場面は、ぶどう酒の杯を取り上げて感謝の祈りを唱えて渡し、同様にパンを取り上げ感謝の祈りを唱えて裂いて渡す、主イエスの流れるような動きが描かれている。主イエスが語った「これは、あなたがたのために与えられるわたしの体である。わたしの記念としてこのように行いなさい。」（22：19）と「この杯は、あなたがたのために流される、わたしの血による新しい契約である。」（22：20）の言葉を、弟子達はどのように聞き取っただろう。恐らく、主イエスの思いをくみ取れぬまま食事を終えてしまったのではないだろうか。

　と言うのは、23 節の主イエスが裏切りの予告をしてもその意図を

汲み取ろうとはしないで互いに議論し、さらに、24節では誰が弟子達の中で一番偉いかと議論し始めたからである。

　ここで気を付けておきたい点は、この食事が後のキリスト教の大事な**聖礼典**の一つ「**聖餐式**」になった点である。「最後の晩餐」とも言われる食事がどれほど大きな意味を持っていたか、後になって気付いた弟子達は、その後パンとぶどう酒を口にする度に思い出し感謝し、主イエスが言われた「わたしの記念としてこのように行いなさい。」（22：19）との言葉を味わい直しただろう。この晩餐の翌朝には、主イエスの体が引き裂かれ血が流されたのだから。

　裏切り　　主イエスが十字架の死を迎えたのは、裏切りによる。

　裏切ったのは、イスカリオテのユダである。「裏切られる」と題された段落では、ユダの手引きによって祭司長や律法学者・大祭司の手下などが群れをなしてやって来た様子が描かれている。この中には、神殿守衛長など武器を持っている者もいた。群衆という人数の多さに圧倒され、武器を持っている力の誇示に、弟子達は驚く。並行記事のマルコ福音書では、「弟子たちは皆、イエスを見捨てて逃げてしまった。」（マルコ14：50）とある。主イエスは、あっという間に逮捕されてしまったのだ。

　逮捕のチャンスを作ったユダが、なぜ裏切ったのか、理由は解らない。弟子達の中で会計の役目を担っていた彼は、お金に目がくらんだのだ、と考える人たちもいる。その一方で、主イエスが神殿に立って新しい神の国を作る奇跡を期待し、その機会となると考えていたのだ、と想像する人もいる。

　ユダの裏切りについては、マタイ福音書が独自の記録（マタイ27：3－10）を残しているので目を通しておこう。彼は、主イエスを売り渡したことを後悔し自殺した。

　主イエスは裏切られた。けれども、裏切ったのはユダだけではなかった。

62　　Ⅱ　愛を示したイエス・キリスト

「ペトロの離反を予告する」の段落では、主イエスが一番弟子のようなペトロの裏切りを語っている。(22：31・34) 主イエスに告げられたペトロは、牢に入っても死んでもよい、とすぐに答えた。彼は裏切るつもりなど、全くなかったのだ。にもかかわらず、現実は裏切ってしまったのである。「イエス逮捕される　ペトロ、イエスを知らないと言う」の段落では、ペトロの揺れる心が描かれているので、丁寧に読み取りたい。

主イエスが逮捕された時点で、彼は驚いて手を引き逃げてしまった。だが、心配で後から闇にまぎれて最高法院の裁判の場まで追いかけ、こっそり主イエスを見守っていたのだ。この時、彼の心は一刻も早く釈放されるよう叫んでいただろう。ところが、次の瞬間、彼の心はガラリと変わってしまったのだ。この人はあの人と一緒にいた、との言葉に、声を荒げて否定し始め、彼の心は固い岩のようになって主イエスの存在を締め出したのだ。一瞬の出来事だった。やがて鶏の鳴き声に我を取り戻したペトロは、予告通りになってしまった事実に気づいて「外に出て、激しく泣いた。」(22：62) のだった。

ここで、わたし達自身の日常を振り返ってみたい。

日ごろの生活を見回すと、わたし達にも「裏切り」は身近な事だろう。家族・友達・様々な仲間・学校や社会のいろいろな人間関係の中で、大小の裏切りが起きているのではないだろうか。どうだろう。

裏切りには「裏切る」側と「裏切られる」側がある。だから、裏切る時もあれば裏切られる時もあるのだ。そして、裏切ろうとして裏切る時もあれば、裏切るつもりは全くなくても裏切ってしまう時もある。予感して裏切られる時もあれば、まさか！と信じられない裏切られ方をする時もある。

「裏切り」は悲しい。裏切る側も裏切られる側も深く傷つく。二度と元には戻れない絶望的な気持ちに陥る。だからこそ、わたし達は福音書が語る事柄をしっかり読み取っておきたい。

ペトロは裏切ってしまった。が、彼は後に、あの主イエスの予告

12．裏切られる　－主の晩餐－　　63

の中に「わたしはあなたのために、信仰が無くならないように祈った。だから、あなたは立ち直ったら、兄弟たちを力づけてやりなさい。」(22:32) との、赦しの祈りを思い出すのである。思い出したのは、主イエスが十字架で処刑され、墓に埋められてしまった後のことだろう。完全に主イエスを失った後の事のようだ。が、取り返しのつかない裏切り行為にさいなまれた絶望のどん底で、あの声を聞き、立ち上がっていったのだ。

祈られている、とは確かな支えである。主イエスは、わたし達一人一人のためにも祈られる方である。この主イエスの姿を思い出すわたし達でいよう。裏切ってしまった場合も、赦されるように祈ろう。そうして、裏切られた場合も、赦せるように祈っていこう。

「裏切り」とはどのような人でも直面する事態だが、解決の道「祈り」があることを忘れずに心に記しておきたい。

One more point

皆が、主イエスを裏切った。大祭司をはじめとする宗教指導者達、最終的に死刑判決を下した総督ピラト、また「十字架につけよ」と叫んだ群衆。

指導者達は本来神の御心に従う務めをなす集団であり、偽証したり人々をそそのかしたり、神の戒めを破る事はしてはならなかったろう。

総督ピラトは、帝国の指示に従い誠実な政治を行う任務を負っていたのだから、不正だと解った判決を退けねばならなかったろう。

群衆は、これまで教えに心打たれ、病をいやされ食べ物を与えられてきた。そのような主イエスとの関係を踏まえて各自が自分で考え、自分の内にある良心に従った行動を取るべきだったろう。

もしも、わたし達が主イエスの裁きの場に同席していたら、どのような意見を持ち、どのような行動を取っただろうか。

13．祈る　－十字架－

ルカによる福音書　22：39—46 ＋ 23：26—43（新 p. 155 ＋ p. 158）

ゲツセマネの園の祈り　　一つ目の聖書箇所は「オリーブ山で祈る」との小見出しが付けられている。この小さな山はエルサレムの市街近くにあり、主イエスはそのふもとにあるゲツセマネの園を祈りの場としたようである。マタイ福音書とマルコ福音書の並行記事では「ゲツセマネで祈る」と記されている。人混みを避け一人になってしばしば山で祈られている主イエスの姿は、福音書の中にいくつも記録されている。最後の晩餐の後も、いつものように祈りの時を持たれた。とは言え、食事の時に刻々と迫る身の危険をうかがわせた主イエスに弟子達は付き従ったようだ。

　弟子達にも祈るように命じた主は、「御心ならば、この杯をわたしから取りのけてください。」（22：42）と祈られた。神の御心に従う覚悟をしているとは言え、恐怖におののいていたのではないだろうか。逃げ出してガリラヤへ帰ってしまうこともできたはずだし、人を生き返らせる奇跡を起こしてきたのだから最強の備えをして戦いの準備をしても良かったはずだ。

　けれども、主イエスは祈られたのだった。そして、続けて再度「御心のままに行ってください。」（22：42）と言った。徹頭徹尾、神の御心に従おうと心しているのである。それでも、自分の願い・思いに従いたくなる誘惑は振り切ることは難しい。44 節には祈りつつ苦しむ姿が描かれている。

　ここでは、43 節に天使が現れて力づけたとの記述はあっても、悪魔については触れられていない。それでも、かつて悪魔から誘惑を受けた場面が思い起こされるだろう。悪魔の誘惑は、かならずしも悪魔の姿を現して迫ってくるものではない。神の子として、**救い主**の使命

を果たすために命を使おうと決心していても、それでも自分の願い・思いに従いたくなる誘惑は大きい。自分の願い・思いが神の願い・思いと一致していればよいが、そうでなければ、自己中心の欲望になってしまう。神の御心に背く・神への裏切りは、主イエスの心の中にも湧き上がってくるのだろうか、主イエスが必死に祈る姿は想像を絶する。

　だが、祈りを終え、誘惑を乗り越えた主イエスは穏やかに弟子達に言ったのだ。「なぜ眠っているのか。誘惑に陥らぬよう、起きて祈っていなさい。」（22：46）　祈りとは、父なる神との対話である。目覚めた心で、神と語り合い、自分の思いを打ち明けつつ、同時に神の思いにも耳を傾ける時間である。

　主イエスは、自身の実践を通して「祈る姿勢」を教えられたのだ。

　十字架上の祈り　　神の国を教え、色々な話を語り、多くの人々を指導してきた主イエスであるが、逮捕直後の最高法院での裁きの場面でも、最終的に死刑執行を決める力を持つ総督ピラトの面前でも、十字架を背負う姿を群衆があざ笑う路上でも、静かに時を過ごされた。その姿は、ほふり場に引かれていく羊のようだったのである。

　ところが、十字架でははっきりと声を出したのである。「父よ、彼らをお赦しください。自分が何をしているのか知らないのです。」（23：34）　この声を聞いた人々は、何を感じただろうか。何を思っただろう。ところが、近くにいても聞いていない人がほとんどだっただろうか。主イエスの衣服を分け合った人々、民衆、議員、兵士、その他大勢、皆主イエスの言葉に心を留めなかったのではないだろうか。

　しかし、少なくとも一人は耳を傾けたようだ。

　ゴルゴタの丘で十字架につけられた時、左右には犯罪人もつけられていた。真ん中にいる主イエスをののしった犯罪人は、もう一人にたしなめられた。もう一人は「我々は、自分のやったことの報いを受けているのだから、当然だ。しかし、この方は何も悪いことをしていな

66　Ⅱ　愛を示したイエス・キリスト

い。」(23：41)と言ったのだ。この一人は、これまで沢山の人々が主イエスの十字架刑に関わってきた中で、唯一人主イエスの無実を口にした人物である。

　この犯罪人は、自分の悪事を認め刑に服さねばならない覚悟をしていた。主イエスの、十字架上の言葉を耳にしていなければ、悪態をついたもう一人と同じように不運を嘆き不平不満を叫んでいたかもしれない。しかしながら、彼には主イエスの祈りの言葉が聞こえたのではないだろうか。「お赦しください。」と祈られている事に気づき、自分を取り戻し、立ち帰ることができたのではないだろうか。自分も天の御国に連れて行ってください、などとはとても言えないけれど、せめて思い出してもらおうと、主イエスに声をかけたのだ。

　こうして、人生最期のわずかな時間にチャンスを得て、この犯罪人は神の国の一人として迎え入れられたのだった。

　主イエスが十字架につけられた場面を語る記事は、四福音書とも共通に残している。しかも、それぞれ工夫をこらし詳しく述べており、記事の量も多い。しかしながら、十字架の上で主イエスが口にした「赦し」の言葉と「祈り」の言葉を残したのはルカ福音書だけである。執筆者ルカは、他の事柄以上に、この二つの言葉を大事に受けとめたのだろう。

13．祈る　－十字架－　　67

One more point

主イエスの、十字架での最後の言葉は以下の7つある。

① ルカ 23：34（p. 158）

「父よ、彼らをお赦しください。自分が何をしているのか知らないのです。」

② ルカ 23：43（p．159）

「はっきり言っておくが、あなたは今日わたしと一緒に楽園にいる。」

③ ヨハネ　19：26 － 27（p. 207）

「婦人よ、御覧なさい。あなたの子です。」「見なさい。あなたの母です。」

④ マルコ 15：34（p. 96）マタイ 27：46（p. 58）

「わが神、わが神、なぜわたしをお見捨てになったのですか。」

⑤ ヨハネ　19：28（p. 208）

「渇く」

⑥ ヨハネ　19：30（p. 208）

「成し遂げられた」

⑦ ルカ　23：46（p. 159）

「父よ、わたしの霊を御手にゆだねます。」

14. 使命を全うする －死・復活－

ルカによる福音書　23：44－24：35（新 p. 159）

　受難　　主イエスは朝9時に十字架につけられ（マルコ15：25）、午後3時に息を引き取られた。この時、ゴルゴタの丘には見物に集まった人々や死刑執行に関わったローマ帝国の兵隊たちなど、様々な人がいた。最後の叫び声「父よ、わたしの霊を御手にゆだねます。」（23：46）を耳にした彼らは、何を感じただろう。主の十字架の死に、何を見ただろうか。

　野次馬のように集まった人々は、怖いもの見たさの欲望が満たされただろう。朝、総督ピラトに向かって「十字架につけよ」と要求した群衆は、要求通りの死刑を見届け満足したはずだ。

　ところが、ルカ福音書には、群衆が胸を打ちながら帰る姿、悲しみ・後悔の姿が描かれていた。

　ローマ兵達の心も揺さぶられた様子が描かれていた。職務のために立ち会った百人隊長の「この人は正しい人だった」との言葉も記されており、主イエスの無実を彼が認めた一言とされている。また彼が「神を賛美した」とあったが、主イエスが神の御心に従って殉教したと受け止めた言葉である。

　このような人々の変化から、主イエスの十字架の死は、最後まで神の子として生き抜いた荘厳な終わりを集まった人々に示したと伺えるだろう。

　人は、どのような人も必ず死ぬ。死なない人はいない。死を迎える時や場面は、自分の人生のことでありながら自分で決めることはできない。死は、神から与えられるものである。生が神から与えられるように。

　主イエスは、神の子として生きる人生を神に与えられた。それは、

14. 使命を全うする　－死・復活－　　69

神の子として死ぬ人生でもある。神が、全ての人々を罰せずに救うため子を身代わりに「死」の罰を課すなら、子は父なる神の意志を引き受けなければならないだろう。主イエスは父の意志に背を向けることなく、全ての人を生かそうとする願いに応え、自分の命を使ったのである。

　神の子としての使命を果たす主イエスの姿に、死を悲しんだり哀れんだりするよりも神を賛美せざるを得なかったのは、百人隊長だけではなかっただろう。

　埋葬　　アリマタヤ出身の議員ヨセフは、決心して総督ピラトに申し出た。墓に納める事を願い出るまでの彼の心の動きには、どれほどの葛藤があっただろう。

　議員の彼は、主イエスを死刑に定めるあの最高法院の裁判にも、同席していた。だが、あの裁判の時にはどうしても反対の声を上げられなかった。あの時からずっと、心の中に後悔の思いが渦巻いていたのではないだろうか。亡くなられた今となっては手遅れだけれど、それでも、と彼は心を強くしたに違いない。主の死の姿がヨセフを動かしたのだ。

　亡くなった金曜日も、日が傾き始め、夕方になっていた。日没になれば土曜日・**安息日**になってしまう。一切の労働が禁じられている安息日になってしまえば、遺体は十字架にはりつけられたままになってしまう。ヨセフは急いだことだろう。頭を働かせ、体を動かし、せっせと墓へ運びこんだことだろう。

　十字架から降ろされた主イエスの亡き骸を抱く母マリアの姿は、これまでの長い歴史の中でいくつもの信仰の芸術品を生み出してきた。最も有名なのはミケランジェロの**ピエタ像**だろう。これは、カトリック教会の総本山であるヴァティカン市国の、サン・ピエトロ大聖堂にある。彫像のみならず、絵画にも傑作があり、ゴッホやエル・グレコなど多くの芸術家が手掛けている。それらの作品は、高い芸術性と共

に深い信仰が表れているので、画集や写真集などを見るとよい。ネット上からも作品を確認することができる。

　死の別れは悲しい。しかも、不条理の死を遂げた別れには、胸が引き裂かれるほどの悲しみがある。頭では解っていても心が解るには時間がかかる。あきらめられなくて、何度も涙を流す。嘆き悲しむのは、それだけ死者を愛していたからだ。

　とは言え、大急ぎで埋葬せねばならない事態だったから、悲しみ嘆いていられなかったろう。だからこそ、埋葬を終え墓の入り口を閉めた途端、死の現実が押し寄せて悲嘆にくれ、主イエスを愛していた家族や弟子達は眠れぬ夜を迎えたに違いない。主イエスは、こうして墓に葬られたのだった。

　復活　　三日目の日曜日の朝、主イエスは復活した。信じがたい奇跡である。福音書には、信じられずに気が動転する婦人たちや弟子達の姿が描かれており、復活を目の当たりにした人々でさえもにわかに信じられなかったのだから、現代のわたし達が信じられないのは当たり前と言える。弟子達をはじめとして、ユダヤの人々は永遠の命を与える神を信じ、肉体の死があっても後に最後の裁きの時には復活して神の国に入る信仰を持っていた。が、その彼らさえ、主イエスの復活におののいたのだ。

　だからこそ、聖書は、今回の聖書箇所の続きに復活した証拠を示す主イエスの記録が登場したり、ヨハネ福音書20章のように復活した体を確認する弟子達の記録が残されたり、と、信じがたい奇跡であることをわきまえて復活を語っているのだ。

　人は、人を死から復活させることはできない。しかし、人間にはできないことでも神はできる。

　古今東西、他者のために自分の命を使った偉人は多々いるが、その死を越えて復活した人はいない。イエス・キリストは、罪に死に新しく生きることへ全ての人を導いているのだ。

14. 使命を全うする　−死・復活−　71

One more point

　キリスト教は「復活」を信じる宗教である。この事は宗教としての信条である。キリスト教には多くの教派があり様々な教会のスタイルや信仰生活の違いはあるものの、信仰の根幹は一致しており「使徒信条」に表されている。本書の付録資料にある「使徒信条」に目を通そう。

　日本では馴染み深い仏教には、復活という考えがない。仏教は、生きることもあれば死ぬこともある、との自然の理を教え、転生輪廻・未来永劫の流れの中に現在の生を受けとめる。生まれ変わりつつ、最終的には仏陀（悟りを得た人）を目指す宗教である。図で表すなら「円」になる。

　他方、キリスト教では、世の始まり（天地創造）の過去から未来の世の終わり（終末）への時間の中、生は一回限りであり、終末の裁きの時に永遠の命が与えられるとの信仰を持つ。図で表現すると「直線」になる。

　自然の理を悟らせる仏教と、自然の営みを越え死から復活へ導くキリスト教との違いを理解する一助として、二つの話を紹介しよう。どちらも、たった一人の息子を失って嘆き悲しむやもめの話がモチーフとなっている。

　まず、ルカ福音書7：11 － 17（p. 115）の「やもめの息子を生き返らせる」を開いてみよう。主イエスは、一人息子を生き返らせて女性に返し、町の人々は神を賛美する結末になっている。

　次に、仏教の話である。

　── 釈迦がコーサラの舎衛城にやって来た時のことである。ガウタミーという女性が半狂乱で叫びながら歩いていた。夫を亡くし形見のような一人息子と二人で生きてきた彼女は、何ということだろう、その息子さえも失ったのだ。彼女は今、すでに死臭を漂わす息子を抱いて生き返る薬を探している最中だった。ただならぬ彼女の姿に、町の人々は扉を閉ざしてしまう。そこで、釈迦は薬を作ってあげようと声をかけるが、「芥子の実をもらってきなさい。ただし、一人も死人を出したことの無い家からでなければならい」と命じたのだった。喜んだガウタミーは、舎衛城の町を一軒一軒尋ねて回るが、どの家も死者を出しているので芥子の実は容易に手に入らない。やがて、彼女は一

72　　Ⅱ　愛を示したイエス・キリスト

つの事に気づいていく。どのような家でも死の別れがあり悲しみの経験をしている、自分だけではないのだ。人は生まれたら必ず死ぬ、との真理に気づいたガウタミーは、釈迦の前に戻り、その後弟子になったと言う。──

【まとめ・課題】
① イメージマップを用いて、これまで学んだ事柄をまとめ確認しよう。
　主イエスの生涯・主イエスの教えなどを主題にして描いてみよう。
② 主イエスの降誕（クリスマス）の行事や物語を調べよう。特に、聖書の記録と現代のクリスマスとの違いに注目して学ぼう。
③ 主イエスの教えに基づいて生きた人達の生き方を調べてみよう。「隣人愛」の実践、「小さくされた人々」への援助を主にしてまとめよう。

14. 使命を全うする　－死・復活－　73

Ⅲ　聖霊を受け、愛に生きる弟子達
－使徒言行録・使徒書簡－

聖霊降臨
The Coming of the Holy Spirit（Acts 2：1–4）
渡辺 総一

本章では、復活の主イエスに力づけられた弟子達の宣教の業を学ぶ。「使徒言行録」と使徒達が書いた「書簡」から、これまで学んだ福音書と合わせて新約聖書全体を把握したい。

　四福音書は主イエスの宣教の業と公生涯を描いて、そこにある福音を伝えようと記録されたものだった。現在わたし達が使っている新共同訳聖書には四人の労作が納められているが、他の弟子達も福音書を書いており、文庫本でも出版されているので手に取ってみるとよいだろう。復活の主イエスが昇天された後、弟子達は「聖霊」の力に支えられつつ宣教の業に励み、一人一人自分の力を活かして現在のキリスト教の礎を形成したのだった。

　旧約聖書も新約聖書も、わたし達人間に壮大な物語を語る。旧い時代から新しい時代へとつながる神の愛の歴史を見つめよう。

1．立ち上がる

使徒言行録　2：1—42（新 p. 214）

腰を据えて待つ　　ルカ福音書は、その最後にあたる 24 章 49 節（p. 162）で「わたしは、父が約束されたものをあなたがたに送る。高い所からの力に覆われるまでは、都にとどまっていなさい。」との主イエスの命令を記した。この言葉を受けとめた弟子達は、その通り、共にエルサレムの都で過ごすことにしたのだった。

　とは言え、彼らは主イエスの命令をどのように感じただろうか。この一言に何を考えただろうか。この時、彼らは決して心穏やかに聞くことはできなかったであろう。なぜなら、死刑囚のナザレの人イエスの仲間であると知れてしまえば、危害が及び命さえも脅かされたからである。彼らは、人目を忍んで逃げ隠れ、ひっそりと息を殺すように

過ごさざるを得なかったのだ。彼らは、エルサレムの町の住人ではない。よそ者である。恐ろしかっただろう。外から聞こえる人の声や物音に、ビクビクしただろう。心の中は、荒波にもまれる嵐の湖のような状態だったろう。一刻も早く故郷のガリラヤへ懐かしい我が家へ帰りたかったのではないだろうか。復活の主イエスに背を向け、賢く安心・安全を手に入れようと計ってもおかしくはなかった状況だったのだ。

　しかしながら、弟子達は帰らなかった。

　エルサレムを離れず、約束のものを待ったのであった。何時まで待てばよいのか、どのように約束が果たされるのか、何も解らなかった。それでも、彼らは逃げ出さなかった。ただ主イエスの命令に従おうとしたのだ。

　だからこそ、彼らは一つに集まって祈ったのである。彼らは思い出したに違いない。あの夜、ゲツセマネの園で主イエスが祈られていた姿、その時に弟子達に語られた「誘惑に陥らぬよう、起きて祈っていなさい。」（ルカ22：46）との一言を思い起こし、励まされ、心を一つにして祈っただろう。

　振り返ってみると、わたし達の日々の暮らしの中にも、様々な不安や危険は押し迫る。心が波立つことも少なくない。賢く手を打たねばと焦り、解決を求めて悪戦苦闘することもある。そのような事態に直面した時には、必ず祈ろう。一人で祈ることが難しければ、仲間と共に祈ろう。祈りの仲間は、わたし達の周囲に必ずいる。祈りの仲間を見失わないようしっかり目を覚まし、手をつないで祈ろう。

　祈っても何も変わらない、と考える人がいる。気休めにすぎない、と思う人もいる。

　しかし、祈りは心の荒波を鎮め、心に平安をもたらす。身に迫る危険に慌てふためいて右往左往しがちなわたし達だが、そのような時にも祈る姿勢を示した主イエスを思い出そう。祈りは、わたし達を深い安心に導き、神が与えようとする大きな安全・平安へ向かわせる。

1．立ち上がる　　77

聖霊を受ける　　今回の聖書箇所は、弟子達の祈りの場面から始まっている。

弟子達は祈っていたのであった。すると、天から激しい風が吹いてくるような音が聞こえ、家中が震えたのだった。恐ろしい場面である。さらに、燃える炎のようなモノが一人一人に近づいたのだ。

けれども、弟子達は恐れることもなく、力強く立ち上がったのだった。彼らは**聖霊**に満たされ、隠れていた部屋から外に出て姿を現し、語るべき言葉を口にしたのだった。

エルサレムの町の人々や訪れていた異国の人々は驚いた。新しいぶどう酒に酔っているのだ、とあざける者もいた、と言う。が、弟子達はそのような群衆を恐れることなく立ち上がり、まっすぐ立ったペトロは、主イエスこそ真のキリストである、と大声で語ったのだった。

今回の聖書箇所の最後にあたる2章41節には、ペトロの話を聞いた人々が洗礼を受け、三千人もの人々が仲間に加わった様子が描かれ、42節では「彼らは、使徒の教え、相互の交わり、パンを裂くこと、祈ることに熱心であった。」とあった。教会の誕生である。

聖霊を受けた弟子達が神殿に現れ、キリストこそ真の救い主であると信仰を明確に語り、聖霊による洗礼を人々に授けるようになったのである。

ここで気を付けておきたいポイントは、この弟子達は主イエスの12弟子だった、すなわち**使徒**だった点である。12弟子・12使徒は、すでに福音書に記録されているように、主イエスから弟子の中から選ばれ力を与えられて、主イエスがなさる業を行うため町や村へ遣わされていた。その彼らが、主イエス昇天後、聖霊によって主の業を果たしていくように変化していた事は大切なポイントとして抑えておきたい。

キリストを信じる群れが誕生したこの日は、「**五旬祭**」である。2章1節に記されていたこの日について、聖書巻末の「用語解説」の事

項を確認しておこう。過越祭の安息日の翌日から50日目にあたるのでこのように呼ばれる祭りは、ギリシア語では**ペンテコステ**と言う。教会の誕生日・**聖霊降臨日**は、この日にあたるのである。

　キリスト教の教会には、三つの大きな祝日がある。

　一つ目は、**復活日**（イースター）である。この日は、春分の日の後の、最初の満月の次の日曜日とされているため、3月から4月にかけて祝いの日は移動する。

　二つ目が、**聖霊降臨日**（ペンテコステ）で教会の誕生日として祝われるが、復活日から50日目の日曜日とされているために移動祝日である。

　三つ目が、**降誕日**（クリスマス）である。キリスト教は主イエスの復活から始まったといっても過言ではないので、長い間、主イエスの誕生を祝うことがなかったようで誕生日も不明のままだった。が、ローマ帝国の国教となった後に、ローマ教会によって12月25日と定められ今日に至っている。

One more point

　キリスト教の教会は、週の始めの日曜日を「主の日」として礼拝を守る安息の日としている。日曜日が安息の日となったのは、キリスト教がローマ帝国の国教になってからのことで、週の始めに復活した主イエスを覚えて弟子達が集まるようになったことに由来して変更された。

　現代では世界中で日曜日を休みの日としているが、ユダヤ教では現在でも週の終わりの土曜日を安息日としており、信者達は律法に従ってこの日を大切に守り続けている。

1．立ち上がる　79

2. 歩み出す

使徒言行録　4：23−5：16（新 p. 220）

心を一つにして　　使徒言行録には、信者達が祈る姿を繰り返し記録されている。今回の聖書箇所も「信者達の祈り」と小見出しが付けられた段落が登場する。

この場面は、民衆に主イエスがキリストであると語ったために取り調べを受けることになったペトロとヨハネが釈放され、仲間のところへ戻ってきた場面である。誕生したばかりの主イエスを信じる群れ・**教会**は、主イエスを十字架にかけたユダヤ教の指導者や多くのユダヤ教徒の攻撃の的となった。待っていた信仰者の群れは、どれほど二人を心配し、二人のために祈っただろう。帰ってきた二人を見て安心し、心から神に感謝しただろう。

この段落には大切な視点が示されている。それは、彼らが攻撃してくる人々を全く恐れていない点である。帰ってきた二人を迎えた彼らは心を一つにして神に祈った。「主よ、今こそ彼らの脅しに目を留め、あなたの僕たちが、思い切って大胆に御言葉を語ることができるようにしてください。」（29 節）

ともすれば手厳しい襲撃を受けかねない。彼らは危機感を感じつつも、攻撃への対策を練ったり報復の相談をしたり、と仕返しを考えたのではなかった。主イエスがキリストであることをもっと語らせてください、と祈ったのだ。さらに、「どうか、御手を伸ばし聖なる僕イエスの名によって、病気がいやされ、しるしと不思議な業が行われるようにしてください。」（30 節）と祈り、語るだけでなく行動できるようにも願い求めた。彼らのまなざしは攻撃してくる相手に向けられているのではなく、反対する者をも含む全ての人々に、神の愛の業が及ぶ事、その一点に注がれていたのである。

80　　Ⅲ　聖霊を受け、愛に生きる弟子達

ここで、わたし達自身の社会・群れの在り様を振り返ってみたい。

わたし達は家族だとかクラスだとか、学校や職場など、様々な社会・群れに属している。そのような集団生活の中で、わたし達はしばしば大小様々な対立を経験する。中でも、意見が異なったり利害関係が生じたりすると相手を敵視し攻撃的になってしまいがちだ。すると、心の中も頭の中も負けたくない気持ちでいっぱいになって悪戦苦闘し、相手だけでなく自分自身をも傷つける結果となる。しかし、わたし達の最も大切な本来の目的は、他の社会と共に生きることではないだろうか。どうだろう。

キリスト教の始まりとなった最初の教会・小さな社会は、相手を攻撃し勝ち抜こうとしたのではく、また相手の不備・欠点を裁いたのでもなく、自分達のなすべき事を全うできるように心を集中させたのだ。自分達が主イエスを切り捨てたり攻撃したり死へ追いやってしまったにもかかわらず、神はその主を復活させ赦しを与えてくださった、と悟っていたからだ。赦されたことの無い人は赦すことができない。主イエスを信じる群れ・教会とは、主イエスに赦された人々の**共同体**である。

共に生きようとして　今回の聖書箇所の二つの目の段落は「持ち物を共有する」と小見出しが付けられており、信者一人一人がそれぞれの持ち物を差し出して教会の持ち物とした様子が描かれている。キリスト教の始まりとなった最初の教会は、共同生活を営む群れ・共同体になっていったのだ。「教会」とは建物を指す言葉でなく、信者の群れ・共同体のことである。

教会には色々な人が集まっていた。ガリラヤ地方から主イエスに従ってきた弟子達がいたし、エルサレムへの旅の途中で加わってきた人もいた。さらに五旬祭の日にペトロの説教を聞いて加わった人もいた。彼らは決して裕福ではなかっただろう。しかし「一人も貧しい人がいなかった。」(4：34) のである。

主イエスを信じる群れ・教会とは、信仰の一致をベースに、共に生活を営む共同体である。属する一人一人が、財産のみならず持っている知恵や知識、技術や体力など、自分の力を差し出して共に生きる共同体である。このように説明すると、豊かな財産や優れた知恵・知識、技術や体力を差し出さねばならないように受け止められるかもしれない。もし、そのような事が教会の特質だとするなら、教会の一員となるため財産や優れた力が必要となってしまう。けれども、教会は、貧しい財産や乏しい知恵・知識、小さな技術や弱い体力をも差し出すことが許される。豊かさを分かち合うだけでなく、貧しさも分かち合う共同体なのである。そうして、どのように小さな力でも認められ、大きく用いられる共同体なのである。

　キリスト教の信仰を持って生きるとは、ただ信じるだけでなく、主イエスこそ真の救い主・キリストであることを明らかに語り伝え、共に祈り、自分の力を差し出して生きることと言えよう。

　教会を整える　　今回の聖書箇所には衝撃的な事件が記録されていた。「アナニアとサフィラ」と小見出しに名前が登場する夫婦の事件である。

　教会は自由な人の集まりである。神の前にどの一人も誠実に考え、各自が自分の力に応じて決め、行動する自由人の共同体である。皆で神に向かう姿勢を持っている。が、その教会にも、他者との関係の中で優位に立とうとする誘惑は潜む。この記録は、暗闇の部分を明らかにした。教会も人間の集まりであり、主イエスを裏切った者の集まりだから罪深い者の社会である。とは言え、教会は、そのような人を愛す神を礼拝し、背かれても赦す主イエスを救い主と信じ、聖霊の力を受けて立ち上がっていく人の集まりである。サタンに心を奪われ、聖霊を欺くことは許されない。

　ペトロに指摘された夫婦は息絶えた。ペトロは、この夫婦の有り様をどのように見ただろうか。今回の聖書箇所の始まりは、捕らえられ

82　Ⅲ　聖霊を受け、愛に生きる弟子達

ていた彼が帰って来たところから始まっていた。ペトロは取調べを受け、厳しく糾弾されて釈放されたばかりだった。教会の外での信仰の戦いがあったのだ。そうして今、教会の中でも、信仰の戦いを経験したのである。教会の中にいる仲間がサタンに心を奪われてしまった、とは、何とも悔しい思いをしたに違いない。

　おそらく、ペトロのみならず12使徒全員が、今一度心を引き締め、使徒として果たさなければならない使命を心しただろう。今回の聖書箇所の最後の段落は、そのような使徒達の思いが反映された記録ではないだろうか。このようにして、キリスト教の教会は教会としての歩みを踏み出したのだ。

One more point

　教会は、教会員（信仰者）がささげた献金によって、なすべき働きの費用をまかなう。

　ヤコブの十分の一をささげる約束の故事（創世記28章）に基づき、収入の十分の一献金を奨励したり、記念の献金（例えば誕生、結婚、召天等）を勧めたり、建築など必要な献金を募ったりする。が、どの献金も、本来、神に与えられた収穫・収入を感謝してささげるものである。教会は、神にささげられた献金を教会の業をなすために用いる。サタンに心が奪われ聖霊を欺いてはならない、との教えを聖書に学び、実際に守り抜いている。そのため、不慮の事故を防ぐためにも毎年調査が行われ、教会の内外に報告するよう努めている。

2. 歩み出す　　83

3．主に望みをおく

使徒言行録　5：17—6：15（新 p. 222）

　迫害を受ける中で　　使徒言行録は、キリストを信じる人々が増え、教会が大きく成長する記録である。が、それは迫害の増大の記録とも言える。今回の聖書箇所は「使徒たちに対する迫害」と小見出しの段落で始まった。前項も、弾圧を受け釈放された使徒二人が登場していた。新しい動きが現れる時には、必ず抑える動きが現れる。

　この段落では、主イエスを死刑に定めた最高法院が召集され、神殿で説教する使徒たちを立たせ尋問する様子が描かれている。この光景には主イエスの裁判が思い出される。

　大祭司とサドカイ派の人々が使徒たちを牢に入れた記事ではじまったこの段落は、夜中に「命の言葉を民衆に告げよ」との天使に励まされ外に連れ出された使徒たちが神殿の境内で教え始めていた展開となり、聞き入っている民衆を恐れ手荒な手段を用いられずに裁判となった次第を述べている。

　ここでも捕らえられたのがペトロだと解るが、彼は「人間に従うよりも、神に従わなくてはなりません。」（5：29）と語り、悔い改める者に与えられる赦しを証言した。最高法院のメンバー（祭司や長老達のサドカイ派の人々で構成されている）は激怒するが、ファリサイ派の律法学者ガマリエルは冷静な一言「ほうっておくがよい。あの計画や行動が人間から出たものなら、自滅するだろうし、神から出たものであれば、彼らを滅ぼすことはできない。」（5：38 - 39）と語った。

　このガマリエルは、使徒たちの肩を持ち、味方になったのではない。彼は、彼なりの神への信仰に基づいて、誠実に最高法院のメンバーに「もしかしたら、諸君は神に逆らう者になるかもしれないのだ。」と助言したのだった。

84　　Ⅲ　聖霊を受け、愛に生きる弟子達

ここで心にとめたいポイントは、本気で聖書を読んで意図を汲み取り、神（真理）を仰ぐ姿勢の大切さである。ガマリエルは、誠実に神に従う生き方を学び続けた律法の教師だった。彼は、主イエスを救い主・キリストとして信じていなかったようだ。それでも、ガマリエルの真摯に聖書を読み神の言葉に従う姿勢が、真面目なあまりに攻撃的にヒートアップしやすい最高法院をクールダウンさせた。考え方や意見が異なる相手を敵視し排除しようとする真面目さは、独断と偏見に陥りやすく、相手の本質を見抜く洞察力を損なわせることがある。彼の一言は、ベストアンサーではなかったかもしれないが、ベターな言葉だった。

　使徒たちは、迫害を受けつつも、それでも思いがけない形で福音宣教の業が支えられる事を知っただろう。味方と思える人々だけが信頼できるのではない。すでに学んだように、教会の中にもサタンに心を奪われ聖霊を欺く者もいる。他方、教会に同調していなくても、真理を尋ね求め、真摯な生き方をする人々もいるのだ。

　使徒たちは、改めて、神に向かう姿勢の大切さを肝に銘じたことだろう。毎日、意気揚々と福音を告げ知らせる姿でこの段落は締めくくられている。

　教会を整え直す　　使徒達の働きによってめざましい成長を見せた教会は、発展の勢いに乗っていたと言えよう。が、そのような時には、その勢いに乗り切れず、こぼれ出る人がいることに気を付けねばならない。隅へ追いやられる人が生まれる事が、多々あるからだ。そのような人の存在は、その集団を本来のあるべき姿に立ち返らせるチャンスを作る。気付いたなら、皆で相談し工夫して改善の手を打てばよい事をこの箇所は教えている。

　ともすれば、そのように弱い立場の人を生み出した事を恥じて隠したり、存在そのものを否定したり、わたし達人間の集団・社会は、その中に現れる弱点を素直に認める事が苦手だ。家庭内や身近な友達の

3.　主に望みをおく　　85

輪の中でも、クラスやクラブの親しい仲間の中でも、学校や職場の中でも、教会という共に生きようと励む共同体であっても、弱点となる部分は生じる。大事な事は、その時に、実態を把握し解決に向けて相談し、改善の一歩を踏み出すことだろう。皆が等しく集団の大切な構成員であるためには、繰り返し本来あるべき姿を共に想い描き、その実現に向けて何度もその集団を立て直し続けることではないだろうか。

エルサレムの教会は、七人の執事を選び出した。教会に集うどの一人も排除されたり無視されたりしないように皆で知恵を合わせて新しい務めを作り、教会は体制を刷新した。このようにして、福音を宣べ伝える「使徒」の教会の外側へ拡がる働きと、信者の群れを支える「執事」の教会の内側を充実させる働きの、両側面が整備されていったのだった。

かつて、主イエスは弟子のペトロに語った。「あなたはペトロ。わたしはこの岩の上にわたしの教会を建てる。陰府（よみ）の力もこれに対抗できない。わたしはあなたに天の国の鍵を授ける。」（マタイ 16：18 - 19） ペトロを筆頭に弟子達は主イエスから教わったこと・示されたことを具体的に実行し、岩を土台とした家を建て倒れることのない信仰共同体を造り出していったのだ。

初の殉教者 このようにして教会はますます大きく成長した。が、そのために、執事の一人ステファノは最高法院に引き出され、石打ちの刑に処せられた。彼の最期は「人々が石を投げつけている間、ステファノは主に呼びかけて、『主イエスよ、わたしの霊をお受けください』と言った。それから、ひざまずいて、『主よ、この罪を彼らに負わせないでください』と大声で叫んだ。ステファノはこう言って、眠りについた。」（7：59 - 60）と記録されている。主イエスの十字架の死の姿を思い起こさせる彼は、主の弟子としての人生を全うしたのだった。

One more point

　教会には、様々な務めを担う人々がいる。一口に教会と言っても成立から二千年もの歴史があり、ローマ・カトリック教会、東方正教会、プロテスタントの諸教会、と大きく三つに分かれて発展してきたので、それぞれの組織・体制は異なっており、務めを担う人々の位置づけも様々である。

　カトリック教会ではローマ教皇を頂点とする統一的な組織が作られて、聖職者が信者の信仰を支え導く。聖職者の位階は現在、司教・司祭・助祭の三つに整理されている。東方正教会では、コンスタンティノーブル総主教、モスクワ総主教など、国や地域ごとに独立して最高指導者が立てられ、大主教・府主教・司祭といった聖職者がいる。カトリックも正教会も女性の聖職者は認められていない。宗教改革によって生まれたプロテスタントの諸教会は、一つの組織ではなく多数の教派に分かれており頂点となる指導者はいない。神の前での信者の平等を唱え聖職者と信者の違いがない。聖書を説き明かし聖礼典（洗礼式と聖餐式）を行う務めは牧師が担うが、信徒と同様に結婚し家庭を築くことが認められており、男女共に牧師職に就ける。

　教会を支える務めは礼拝などの準備や奏楽、記録や会計、建物管理や清掃、新来会者への応接や子ども達への伝道等、多岐にわたる。それらは信徒が各自自分の力を用いて奉仕して担い、教会の使命を果たすため力を合わせている。

　また、教会では父なる神の前に互いを兄弟姉妹として捉え、○○兄とか○○姉といった呼び方をする。このような習慣は、互いを重んじ活かし合う営みから紡ぎ出されたものだろう。

3. 主に望みをおく　87

4. 鷲のように翼を張って上る

使徒言行録　8：1—40（新 p. 227）

迫害を逃れて　　キリスト教初の殉教者となったステファノの事件をきっかけに、エルサレムの教会に大迫害がおきた。使徒達はエルサレムに留まったが、皆は四方八方に散り、ユダヤ人が忌み嫌って近づかない**サマリア**へ逃げ込んだ信者もいたのだった。その一人が、執事フィリポ（6：5）である。彼には未婚の四人の娘がおり（21：8 - 9）、家族への危害を恐れ近くのサマリアへ避難したのだろう。

エルサレムを逃げ出したフィリポだが、キリストへの信仰から逃げ出した訳ではなかった。主イエスの弟子として宣教の業を行い、なんとサマリアの地で多くの受洗者を生み出した。さらに、魔術師シモンが弟子のようにフィリポに従うようになっていった。大成功の伝道である。

一方、大迫害を受け信者が激減したエルサレム教会は、意気消沈していただろう。だから、避難先のサマリアでのフィリポの活躍に、力づけられただろう。使徒のペトロとヨハネはサマリアへ向かい、執事のフィリポは水で洗礼を授けていたので、二人は聖霊で洗礼を授けたのだった。

ところが、その様子を見たシモンは自分も使徒のように聖霊を授ける力が欲しいと、金を差し出し、願い出たのだ。ペトロとヨハネは、思い違いをしているシモンを厳しく叱り、サマリアの人々に主の言葉を力強く証して、再びエルサレムに帰っていった。

この時、フィリポの心にはどのような思いがあっただろうか。

恐怖の迫害から逃れてサマリアに来た彼は、必死に命を守ろうとしたのではなく、信仰を守ろうとした。逆境を逆手にとって伝道し不安や恐れを乗り越えて成功したのだ。やって来た使徒達も、がんばった

88　　Ⅲ　聖霊を受け、愛に生きる弟子達

彼を心からねぎらってくれただろう。フィリポは嬉しかったことだろう、気を良くしたかもしれない。

　しかし、そこに落とし穴があった。何と弟子のように従っていたシモンの信仰が本物ではなかった事が、明らかになったのだ。シモンの浅はかさを見抜けなかった自分に気付いて、フィリポは立ちすくんだだろう。成功などではなかった、失敗だったのだ、と自分を責めたのではないだろうか。悠然と帰路についたペトロ・ヨハネの後ろ姿とは反対に、フィリポはうつむいて自己嫌悪・挫折を味わっていたのでないだろうか。

　神の声に従って　　今回の聖書箇所の二つ目の段落には、主の天使が登場する。天使はフィリポに「旅立ち」を命じる。彼は起き上がり旅立った。失意のどん底にいたが、御言葉を聞く謙虚な姿勢があったのだ。示された道は寂しい道だったけれど、主の御声に従い、まだ続く人生の旅路を歩み出したのだ。

　こうして、彼は再び、主イエスをキリストと語り伝える人生へ立ち返っていった。思いがけない出会いが備えられていたのである。相手は、立派な馬車に乗ったエチオピアの高官だった。ここでも、主の霊が追いかけるように命じる。通常なら近づくこともできない相手だが、フィリポは、再度主の御声に従い、追いかけ声をかけたのだった。

　相手は、エルレム神殿を訪れた帰り道であった。女王に仕える高い身分にあったが、そのために**宦官**になった人だった。宦官とは去勢された男性を意味し、家族を持つことはない。身分・職務に生きがいを感じていただろうが、心の隙間に忍び寄る寂しさや空しさを拭い去れなかったろう。彼が自分の国の宗教でもないユダヤ教を信じ、わざわざエルサレムまで出かけた動機は何だったか。聖書に何も書かれていないので解らない。

　ところが、エルサレム神殿の帰り道の高官は、礼拝を終え満たされていたのではなかった。馬車に一人揺られる姿を思い浮かべると、そ

4．鷲のように翼を張って上る　　89

のような情景が浮かんでくる。彼はエルサレムで礼拝を捧げられずに戻ってきたのだ。去勢されている男性は、一人の人として扱ってはならないとの戒めが申命記23章にあり、神殿での礼拝は禁止され、汚れた人として疎外されたのだ。はるばるやっては来たが、神殿を目前に断念せねばならなかった。それでも投げやりにもならず、神の導きを求め続け、声を出して聖書を読む姿に一途な信仰が感じられる。

　だからだろうか、馬車に近寄って問いかけてきた見ず知らずのユダヤ人、しかもあのエルサレム神殿から自分を追い出したユダヤ人に、彼は素直に答えた。さらに、落ちぶれたようなフィリポを馬車に入れて、聖書を学ぼうとしたのだった。

　聖書巻末の「新約聖書における旧約聖書からの引用箇所一覧表」を調べると、エチオピアの高官が朗読していた箇所はイザヤ書53章7－8節であることが解る。苦難の僕としての主イエスを預言するこの箇所は、痛ましい言葉に満ちている。高官は自分のことでは、と抱える思いを打ち明けたのだった。

　フィリポは、教えを乞う高官に福音を告げ知らせた。おりしも水の在る所に来たので、高官は素直に受洗を願い出た。フィリポは一瞬身を固くしただろう。サマリア伝道での失敗に二度と宣教の業に就いてはならない、と自戒していたかもしれない。ところが、高官は無邪気に洗礼を受けたいと申し出たのだ。

　このようにして、彼は再びキリストを語り伝える人生へ立ち返っていった。予想外の異国の高官との出会いが再出発の確かな一歩となった。主の霊に導かれた再起への旅だったのである。

　聖霊が働きかけて　　今回の聖書箇所は、執事だったフィリポとエチオピアの高官の二人が中心に記録された箇所である。二人の出会いはまさしく「一期一会」と言えよう。フィリポにとってもエチオピアの高官にとっても、この出会いは人生の転換地点となり大事な原点となった事だろう。使徒言行録はこの二人の物語の背後に、主の天使・

"霊"・主の霊といった聖霊の働きかけがあったことを著している。

　わたし達は百歳まで生きる時代を迎えた。長い人生には色々な出来事があり、成功や失敗を何度も経験し、様々な人と出会い別れを繰り返して、一人一人が自分の人生を歩む時代となった。「家」や「国」に尽くすための人生ではなく、自分で考え選び進むことができる恵まれた時代に入った日本は、長い人生を自分らしく自由に生きるような社会に成長している。

　けれども、その自由と豊かさを受けとめきれず、返って戸惑っている人が増えているのが現状であろう。何が自分らしさなのか、何を選んだら良いのか、大人になっても迷い続けている人は多い。そのような時には、思い切って「旅」に出るのもいいだろう。高官のように遠くへ出かける旅、フィリポのように寂しく歩く旅。どのような旅もはるばる遠くから帰るために出かけるものだ。

　人生には、その節目にあたるポイントで聖霊が働きかけて道が示されることが多い。わたし達は、まっすぐな心で聖霊の働きかけを感じ取り、それぞれにふさわしい人生の旅路を歩み続けよう。

One more point

　エチオピアの高官は帰国した。使徒言行録は「喜びにあふれて旅を続けた」と書いている。自分の願い（エルサレム神殿での礼拝）は満たされなかったが、自分の真実な願い（神の救いを得る）は満たされたのだ。

　彼のその後は不明だが、一説によれば、故郷エチオピアでキリスト教を伝えたと言われている。その後、エチオピアの国は4世紀に入ってアクムス王朝の時代にコプト系キリスト教を国教に制定している。勢力を持ったイスラム教に周囲を囲まれ孤立させられた時にも信仰を守り通し、アフリカ大陸の多くの地域がヨーロッパの植民地化された時代にも独立を保った。現在でも国民の半分がキリスト教徒だと言われている。

5．見えるようになる

使徒言行録　9：1―31（新 p. 229）

次の時代へ　　使徒言行録は、復活の主イエスに励まされ聖霊を受けた弟子達が、人生を大きく転向しエルサレムで教会を建てる話から始まっていた。全体で 28 章ある使徒言行録の前半部分は、ペトロを筆頭とした使徒達の宣教の業が軸に、エルサレムを中心に描かれている。後半部分では、新たに使徒となったパウロの活動を軸に、エルサレムから北方のアンティオキア、さらに西アジアやギリシア周辺といった広い地域を舞台として描かれる。このようにして、エルサレムから始まった教会が新たな発展期を迎え、地の果てまで広がっていく様を記そうとしたのである。

パウロの回心　　今回の聖書箇所は「サウロの回心」と名付けられた段落から始まる。サウロとは使徒パウロの元の名で、彼はすでに使徒言行録 7 章 58 節と 8 章 1 節に登場している。初の殉教者ステファノの事件に立ち会ったのだ。

22 章 2 － 3 節に自らの生い立ちを説明する彼の言葉によれば、彼はキリキア州（現在のトルコの地方）のタルソスで生まれ、律法の教師ガマリエル（「3. 主に望みをおく」参照）に学び厳しい教育を受けていた。この事は、彼が外国育ちのユダヤ人であることを示し、ユダヤ人的な文化・生活（ヘブライズム）と共にギリシア的文化・生活（ヘレニズム）を持つ背景を伺わせる。また、生まれながらローマ帝国の市民権を持っていた（16：37、他）ので支配下にあった地域でも保証された位置にあった。そのような恵まれた条件を備えた彼は、将来のユダヤ教指導者として期待されていただろう。

彼はローマ帝国の支配下にある祖国を憂い、神の祝福を受けたイス

92　　Ⅲ　聖霊を受け、愛に生きる弟子達

ラエルの民・ユダヤ人を神が必ず救い出してくださるとの信仰を熱く持っていたからこそ、神の掟・律法を重視し、流されて生きるようであってはならないと志しを高く掲げていたのだった。

　彼はフィリピの教会へ充てた手紙の中で次のように語っている。「わたしは生まれて八日目に割礼を受け、イスラエルの民に属し、ベニヤ民族の出身で、ヘブライ人の中のヘブライ人です。律法に関してはファリサイ派の一員、熱心さの点では教会の迫害者、律法の義については非のうちどころのない者でした。」（フィリピ3：5－6）　彼は恩師ガマリエルが備えていた静かに物事を見抜いていく姿勢に欠けていたようだ。キリストを信じる人々を捕らえるための書状を受け取り、迫害を逃れて逃亡する人々を追いかけたのだった。

　回心は、その追跡の旅の途中で起きた。予想もできなかった事態にたじろいだのは、彼だけでなく一緒に行動していたユダヤ教徒だろう。とは言え、パウロには聞こえた主イエスの声は彼らには聞こえなかったのだった。彼が志した逃亡者逮捕の旅は中断された。後にパウロ（小さいという意味）と名乗るようになった彼は、自身の回心について三回伝えている。（9：1以下・22：3－21・26：1－23）

　回心とは、悪い思いから善い思いへ心を改める「改心」ではない。神への背きを悔い改め全身全霊をまっすぐ神に向ける方向転換を言う。

　そもそもパウロは、神を信じ、ユダヤ教を大切に生きていたから、ユダヤ教の仲間から見れば罪深い点はないと思われるだろう。しかしながら、彼は、神に向かって誠実に生きようとしてユダヤ教の様々な事柄を一生懸命に守るあまりに、ユダヤ教を大切にし、神に向かって生きるポイントを見失ってしまったようだ。しかも、ユダヤ教を大切にするあまり過激な攻撃を繰り返すようになったが、神の前の正義な行動だと思い込んでしまっていたようだ。このような危険性は、どのような信仰者も備え持っているのではないだろうか。

　キリスト教徒も「キリスト教」を大切にするあまりに、誠実に神の前に生きる姿勢を見失うことがある。目がふさがれて、真理が見えな

5. 見えるようになる　93

くなる危険は誰にもあるのだ。ふさがれている自分に気づいた時には、主に祈り求めて開いていただこう。

　主は必ず助け手を与え、目を開いてくださる。

祈りの友　　パウロの目を開いたのは、ダマスコにいたアナニアだった。彼は、迫害者のパウロを恐れ、幻に現れた主イエスの命令を断った。しかしながら、主イエスの御心を受けとめ直して、パウロに向かったのだった。手を置いて祈り、さらに、洗礼を授けた。

　使徒言行録には、この時のアナニアの気持ちや考えは全く書かれていない。が、主イエスの命令に従ったとは言え、彼の心の中は複雑だったろう。エルサレム教会の執事ステファノを死に追いやり、信仰の仲間を次々と逮捕して牢に送り、迫害の手を伸ばしてこの町までやって来た相手は、敵である。その敵が倒れ、目が見えなくなって動けなくなった、と聞いて、嬉しくなって喜んでいたのではないだろうか。内心は、受けた迫害への報復の思いでいっぱいだったかもしれない。

　しかしそれでも、彼は主イエスの命令に従った。心の底から従うことは難しかったろう、つぶやく心を抱えていたかもしれないが、それでも彼は命じられた事を果たそうと立ち上がったのだ。

　そうして、アナニア自身の心の目も開かれていったのではないだろうか。彼は、あのパウロがダマスコでキリストの福音を宣べ伝え始めたのを目の当たりにするのだ。パウロは、ダマスコに留まって、宣教し始めたのだった。信じられずに恐れるキリストの信者達は近づかず、逃亡者逮捕の務めを放棄した彼を裏切り者とみなすユダヤ教徒達は殺そうと図り、孤立したパウロ。それでも、弱ることなく主イエスをメシア・キリストだと論証し続けた姿に、アナニアの目も開かれて、パウロをまっすぐ信仰の友と受け入れ、「敵を愛しなさい」との主イエスの教えを深く理解したのではないだろうか。このようなアナニアの変化も、回心の一つと言えるだろう。

　今回の聖書箇所には、エルサレムに戻ったパウロの続きの話「サウ

ロ、エルサレムで使徒たちと会う」がある。パウロは、エルサレム教会の人々からも恐れられ、信じてもらうことはできなかった。一方で、彼を派遣したユダヤ教指導者は裏切り者だと考えているわけだから、パウロには行き場がなかったわけだ。しかしながら、バルナバ（「2. 歩み出す」参照）が案内し、彼を支えた。この地でも、パウロは助け手を得たのだ。

　使徒言行録は、このサウロの回心にまつわる話の最後部分を、「こうして」（31 節）と書き始め「教会はユダヤ、ガリラヤ、サマリアの全地方で平和を保ち、主を畏れ、聖霊の慰めを受け、基礎が固まって発展し、信者の数が増えていった。」と結んだ。教会という信者の集まりには、色々な人がいる。生い立ちや背景、十人十色ならぬ千人千色・万人万色であろう。人が多くなればそれだけ多種多様な集まりになるから分裂や対立が起きそうだ。が、使徒言行録は、神に向かう姿勢をいく度も整えなおす様を語り、平和を保ち続ける可能性をわたし達に伝える。主を畏れ、聖霊の慰めを受けつつ、新しい仲間を受け入れ発展する社会・教会は、地上での「神の国」と言えよう。

One more point

　新約聖書に納められている手紙（使徒書簡）には、パウロが執筆したり、彼の思想を基に書かれたりしたものが多い。キリスト教形成期に大きな影響力を与えたパウロの活躍が伺い知れる。

　使徒達が書いた手紙にどのようなものがあるか、確認しておこう。

5. 見えるようになる　95

6．異邦人へ伝える

使徒言行録　11：19−30 ＋ 13：1−12（新 p. 235 ＋ p. 237）

キリスト者　　使徒言行録は、迫害のために四方へ逃避した人々がダマスコよりもさらに遠い北方のアンティオキアへ達した事を記録し、ここに新たな共同体が誕生した様子を描いている。エルサレム教会から派遣されたバルナバは、故郷タルソスに戻っていたサウロ（後のパウロ）を探し出し、二人でアンティオキアの宣教に力を尽くしたのだった。

この地で初めて、主イエスをキリスト・救い主と信じる人々が**キリスト者**（クリスチャン）と呼ばれるようになった。

当初は、ユダヤ教の新しい一派のようにして集まり始めた信者の群れ・教会は、やがてユダヤ教から独立したキリスト教を形成していくのである。

第一回目の宣教旅行　　今回の二つ目の聖書箇所は、パウロの宣教旅行の開始を記している。その後の彼は、三回もの大掛かりな宣教旅行を繰り返してキリスト教を語り伝え、各地に教会を建てることになっていったのだった。

前項で述べたように、彼はユダヤの地を離れた異文化の中で育ちつつもユダヤ人としての成長し、複数の言語を使いこなし幅広い知識を身に着けて、さらに帝国の市民権を持っていた。そのように恵まれたタレント（能力）を、宣教の業のために惜しまず使い、多くの実を結んだのである。

宣教旅行のきっかけは、アンティオキアの教会に向けられた聖霊の命令だった。「さあ、バルナバとサウロをわたしのために選び出しなさい。わたしが前もって二人に決めておいた仕事にあたらせるため

96　　Ⅲ　聖霊を受け、愛に生きる弟子達

に。」（13：2）

　そこで、アンティオキア教会が二人を送り出したのだった。

　二人が巡った町は、聖書巻末の「7　パウロの宣教旅行1」で一目瞭然に把握することができる。一回目の宣教旅行については使徒言行録13章〜14章に書かれており、長い記録ではないので一読しておくと良いだろう。

　この旅には助手としてヨハネが同行していた。このヨハネという人物は、使徒ヨハネとは異なる人で、聖書にはしばしば同名の人物が登場するので気を付けて読みたい。彼は旅が始まってまもない13章13節でエルサレムに帰ってしまった様子が記録されている。使徒言行録は簡潔に旅を進めて描いているが、多くの困難が立ちはだかっただろう。訪ねた先々で変人扱いされたり、食べ物や寝る場所にも苦労したり、健康も害したかもしれない。通じない言葉にも苦しむ大変な旅だったと思われる。二千年も昔の旅は、現在の旅を楽しむ余裕など無かったのではないだろうか。

　それでも、バルナバとパウロは聖霊の命令に従い、出発したのだった。送り出してくれた教会の祈りに支えられて船を使ったり歩いたりしながら、未知の世界へ繰り出したのだった。彼らの旅はデルベまで行き、再び同じ道を戻ってくるものだった。デルベの少し先にはパウロの故郷タルソスがあり、さらにその先へ進めばアンティオキアに帰り着けたはずである。

　しかしながら、彼らはすでに訪れた町に生まれた新たな弟子達の群れを励まし、祈り、彼らの成長を主に託しつつ引き返したのだった。

　第一回目の旅の終りを、使徒言行録は次のように記録している。「そこからアンティオキアへ向かって船出した。そこは、二人が今成し遂げた働きのために神の恵みにゆだねられて送り出された所である。到着するとすぐ教会の人々を集めて、神が自分たちと共にいて行われたすべてのことと、異邦人に信仰の門を開いてくださったことを報告した。」（14：26 - 27）

6. 異邦人へ伝える　97

エルサレムの使徒会議　　今回の聖書箇所が記録するこの旅は、ユダヤ教から分離独立し始めたキリスト教にとって大きな意味を持っていた。それは、それまでの宣教は神の選びの民と言われるユダヤ人に向けられ、他の国の人々は**異邦人**として除かれていたユダヤ教の**選民思想**から飛躍するきっかけになったからである。

　パウロとバルナバは、この旅が困難を極める大変な旅であったにもかかわらず、至るところで聖霊の支えを得てキリスト者が生まれ、教会が誕生する出来事を経験したことを、エルサレム教会にいる使徒達にも報告した。12使徒達は、エルサレムに留まってユダヤ人へ主イエスが真の救い主・キリストであることを伝えており、その意味では旧来のユダヤ教と同じような伝道だったと言える。が、パウロとバルナバの実践報告を聞き、神に立ち帰ろうとする異邦人を教会の兄弟姉妹として受け入れようと決議したのだ。

　こうして、キリスト教は民族的な宗教だったユダヤ教の一派を脱し、世界宗教へと成長する歩みを踏み出したのだった。

　二人がチャレンジした宣教の旅は、現在に至るまで何度も繰り返され、世界の東の果てと言われる日本にも宣教師がやって来た事を思うと考え深い。どの時代の宣教の旅も、一筋縄では展開できない困難に見舞われただろう。日本にやってきた宣教師達の苦労はわたし達も知るところである。

　今では世界各地に伝わってそれぞれの町や村に教会があり、現地の人々の生活に則した信仰生活が守られている。どのような教会も礼拝を守ろうとする旅人を必ず受け入れもてなす習慣を持っている。

　わたし達も、世界各地の多くの兄弟姉妹が教会に来られたら共に礼拝をささげるよう心を配りたい。と同時に、わたし達も出かけて行って各地の教会を訪ね、共に礼拝を守る豊かさを大切にしよう。

One more point

　パウロが回心したのは、西暦 33 年ごろだった。その後出かけた一回目の宣教旅行は 47 年から 48 年にかけて、2 回目は 49 年から 52 年、3 回目が 53 年から 58 年にかけてだったと伝えられている。そのように忙しく教会の業のために力を尽くした彼が、多くの手紙を書いた事は前項でも触れた。使徒として精力的な宣教活動を展開したパウロは旅行による伝道だけでなく、沢山の手紙による伝道（文書伝道）も行ったわけである。

　わたし達が用いている聖書に納められた彼の手紙は、2 回目の旅行以降に執筆されている。1 回目の旅も 1 年程の時間を費やしているが、この時は帰り道に同じ信仰者の群れを訪問して、信仰が衰えないように支えながら戻ったのだった。その後の 2 回目以降は、もっと長い時間をかけて方々を巡り一つの所に数年滞在することもあった。再度訪れて、新しく生まれた教会がしっかり歩み続けられるように、励ましたり戒めたり、きめ細やかな導きを与えたかったことだろう。が、さらに新たな地へキリストを宣べ伝えようとの思いも持っていた。ローマ帝国の首都ローマへ、時の世界の中心地へキリストを伝えようと志していたのである。そこで、彼は旅の最中に手紙をしたため、各地の教会へ送ったと思われる。

　教会が誕生したキリスト教初期の迫害は、ユダヤ教徒によるものだったが、後にローマ帝国からの迫害も加わった。迫害が激化すると、主イエスの十字架の死と復活の証言者達は次々に殉教していった。中でも、皇帝ネロ（在位 54 － 68 年）や残酷さ極まるドミティアヌス帝の迫害は有名である。語り伝える者が失われていく危険性を感じた使徒達は、福音書を著して後代へ伝えようと試みた。すでにパウロが書面に残した教えと合わせて、教会は読み聞かせて導く伝道を始めたのだった。そうして、これらの著書がさらなるキリスト教を発展させ、神学の基となっていたのだった。

7．チャンスを活かす

使徒言行録　16：6—17：9（新 p. 245）

第二回宣教旅行　　二度目の旅立ちの時、バルナバはマルコを連れてキプロス島へ船出し、パウロはシラスと共に陸路を選んだ次第が15章の最後の段落に記されている。

パウロ一行の旅程は、聖書巻末の地図「8　パウロの宣教旅行 2, 3」に表されているが、一回目よりもはるかに広い範囲を回り、ギリシアの地方にまで巡った様子が解る。16章の冒頭ではデルベでテモテが加わった事が記されており、今回の聖書箇所に入る。冒頭の16章6節では「アジア州で御言葉を語ることを聖霊から禁じられたので」とあった。さらに7節では「ビティニア州に入ろうとしたが、イエスの霊がそれを許さなかった」とある。

二回目の旅行は、出発の時から困難に見舞われた。まず、バルナバとの離別である。陸路と海路に別れたパウロは悲しい気持ちだったろう。これまでの支えて続けてくれた友との別れは、大きな痛手だったと思われる。次に、新たな同行者テモテ（後にエフェソの教会の指導者となった人物）を得て勇んで旅を続けようとした途端、聖霊と主イエスによって行く手をさえぎられたのだった。パウロは不安に襲われたのではないだろうか。

わたし達は、反対されたり思い通りに事が進まなかったりすると落ち込んで、つい後ろ向きになってしまう。くよくよ後悔したり自分を責めたりしてしまう。が、使徒言行録は、繰り返されたさえぎりが「マケドニア人に福音を知らせるため」と物語る。ここには、聖霊や主イエスによる中断は旅の軌道修正であり、新たな展開のチャンスと見る視点がある。引き返したりやり直したり元に戻るのではなく、今のこの地点を更なる出発地点として繋いでいるのだ。「接ぎ木」型の

100　Ⅲ　聖霊を受け、愛に生きる弟子達

考え、とでも表現できるだろうか。

　パウロの生き方・人生の歩み方には、自分の過去を否定するのではなく、すでにある自分の過去に新たな未来を繋げていく姿勢がみられる。どのような人にも後悔はある。可能なら、過去に戻ってやり直したい事柄をいくつも抱えている。無かった事にしたい、きれいに消し去りたい事もあるだろう。しかし、人は後ろに戻れない。ならば、前に顔をあげて進みたいものである。

　パウロが気を取り直してマケドニアの都市フィリピに着いた時、最初に訪れたのは「祈りの場所と思われる川岸」（16：11）だった。聖書にはさらりと書かれている。これは決して小さな記録ではない。想定外のマケドニアの伝道を、彼は仲間と共に祈って始めたのだ。

　すると、その場にリディアが居合わせた。14節には「主が彼女の心を開かれたので」とある。このリディアはその後ずっと続けてパウロ一行の宣教活動を支える重要人物になっていった。

　二回目の旅の中心は、このような経緯でマケドニア州の宣教となっていった。先に確認した地図では、ネアポリス、アポロニア、テサロニケ、ベレアといった地域にあたる。やがて、一行はアテネやコリントといったギリシア地方を回り、再びアンティオキア教会へ帰っていった。二回目の旅の終りは18章18 - 23節の段落に記録されているが、ここにもエルサレム教会に寄って宣教活動の報告をしている様子が残されている。

　牢でも福音を伝え　　今回の聖書箇所には、投獄されたパウロ達が見張りの看守とその家族に主イエスを語り伝えた様子に紙面が割かれている。広場で話を聞いて信者になった人々の様子よりも、こちらに注目したのである。

　牢の看守は、役目としてパウロ一行を見ていた。この牢にはどのような人々が捕えられていただろう。凶暴な人もいただろうし、何等かの事件に巻き込まれてしまった人や、考え方が異なるだけで逮捕され

た人もいただろう。犯した罪は様々であっても、看守としては皆等しく囚人である。パウロ一行は足枷がはめられ、牢の奥に入れられた。職務に忠実に命じられた通りに見張っていた看守は、囚人達が聞き入ったパウロとシラスの賛美と祈りも、単なる光景と見ただろう。ところが、大地震が起こり彼ら逃亡したと思い込んだ看守は責任を感じ自殺しようとしたのだ。真面目な人である。

　残っていたパウロとシラスにひれ伏した看守は、即座に言っている。「先生方、救われるためにはどうすべきでしょうか。」(16：30)　彼独自の人間性が表れた瞬間だ。

　それまでは、看守としての役目をロボットのように果し決められた規則や課せられた責任を遂行していればよい彼は、何の問題もなかったし問う必要がなかった。その彼が、今、問うているのだ。心が動き出したのである。

　聖書は、真夜中の暗闇の中だったけれども看守が二人の打ち傷を洗った事、自分の家族と共に洗礼を受け食事を出した様子を記し、「神を信じる者になったことを家族ともども喜んだ」(16：34)と書いた。彼の家族は大切な務めをこなす彼を誇りに思いつつ、一方で、心動かぬ機械のように忠誠を尽くす姿に不安を抱えていたかもしれない。彼の回心は、家族という共同体の喜びとなった事を伝えている。

　テサロニケの信徒への手紙　　今回の聖書箇所の最後の段落は「テサロニケでの騒動」であった。この段落には「三回の安息日にわたって」(17：2)と書かれているので、パウロ一行はこの町に少なくとも三週間は滞在したようである。その後、パウロは第二回目の宣教旅行中にテサロニケに生まれた教会に宛てて手紙を出した。執筆された二通の手紙が新約聖書に納められている。

　この書簡の中には次のような言葉が書かれている。

　「いつも喜んでいなさい。絶えず祈りなさい。どんなことにも感謝しなさい。これこそ、キリスト・イエスにおいて、神があなたがたに

望んでおられることです。」（テサロニケ 一 5：16 － 18）

　教会や学校で馴染み深いこの聖句はパウロの一言である。彼はテサロニケに生まれた教会を再度訪問し、周囲の風潮に飲み込まれないよう励ましたいと願っていたが、実際は不可能だった。そこで、渾身の思いを込め手紙を書き送ったのだ。テサロニケ滞在中の彼は、喜んでいられる状態ではなく、心穏やかに祈ってもいられず、感謝に溢れる日々とは言えなかった。目に映る状況は正反対だったのだ。しかし、だからこそ、彼はその逆境とも言える状況に備えられていた小さな出会いに主の導きを感じ取り、大きな喜びへ転じる希望があることをテサロニケの教会に示したのだろう。

　手紙の最後はこのように結ばれている。「どうか、平和の主ご自身が、いついかなる場合にも、あなたがたに平和をお与えくださるように。主があなたがた一同と共におられるように。わたしパウロが、自分の手で挨拶を記します。これはどの手紙にも記す印です。私はこのように書きます。わたしたちの主イエス・キリストの恵みが、あなたがた一同と共にありますように。」（テサロニケ 二 3：16 － 18）

One more point

　テサロニケは、マケドニア州で一番大きな都市で海陸両方の交通の要所だった。様々な国や地方の人々が行き来し、多くのユダヤ人もシナゴーグ（会堂）を作って信仰生活を守り暮らしていた。ギリシア人達は、ユダヤ教徒の信仰を興味深く見守っていたようだ。

　そのような地に、新たなキリストの教えが伝えられた。わずかな滞在で去っていったパウロは、放置状態になる信者の群れを心配し、心から祈らずにはいられなかったことだろう。

8．主に励まされて語り続ける

使徒言行録　18：1—23（新 p. 249）

ギリシアでの宣教　　今回の聖書箇所は、第二回宣教旅行の後半部分にあたる。

パウロはマケドニア州での伝道に力を尽くすが、投獄されたり騒動が起きたり各地で悪戦苦闘し、同行していたシラスとテモテを残してアテネに移った。アテネで二人の到着を待っている間、パウロはこの地に大理石などで刻まれた神々の像がまつられているのを見て驚き、そのような神々をあがめる人々に主イエスキリストを伝えようと努力した。その中には哲学者達もいた。が、復活を信じるパウロの話に耳を傾けることなく去っていったのだった。

アテネは、現在でもギリシア文明の栄華を誇る壮大な建造物が世界遺産として遺されている大都市である。

パウロは、古代から重んじられた大きな建物や石像の群れをまじまじと見ただろう。紀元前 438 年に造られたパルテノン神殿はアテネの守護神である女神アテナイをまつり、同じころ完成されたアテナイ・ニケ神殿は勝利の女神ニケをまつっていた。酒と演劇の神であるディオニソスを讃えて名付けられたギリシア最古の劇場もあり、神話で知られる神々への信仰を持つ文化が根付いていた。

また、この地にはギリシア哲学を代表するプラトンが始めたアカデミアがあり（この学校は西暦 6 世紀まで続いた）、学問を究める者達も多かった。このように発達した文化の中に生きるアテネの人々は、パウロの話を興味深く聞いた、が、やがて受け流していったのだ。

そこでパウロは、コリントへ移ってシラスとテモテの到着を待とうとした。

104　Ⅲ　聖霊を受け、愛に生きる弟子達

1年6ヵ月の滞在　コリントはアカイア州の都で、商業の栄えた大都市だった。その頃、アキラとプリスキラ夫妻が皇帝クラウディスのユダヤ人追放令によりイタリアから移り住んでいた。「パウロはこの二人を訪ね、職業が同じであったので、彼らの家に住み込んで、一緒に仕事をした。その職業はテント造りであった。」（18：2－3）と書かれている。パウロが自活し、周囲の人々に依存して生活していたのではなく、自立して生計を立てていた様子が解る。

やがて、シラスとテモテがマケドニアから到着したので、パウロはさらにコリントの町にいたユダヤ人達に一生懸命主イエスを語り伝えたようである。ところが激しく拒否されたので、ついに彼はユダヤ人ではなく異邦人伝道に専念することにしたのだった。

この時、彼はどのような思いで心の舵を切り換えただろう。ギリシアに生まれ育ったユダヤ人の心には、主イエスの話が届かなかった。それでもパウロは、外国に生きるユダヤ人が寄留者とみなされる立場を思い、全ての人々を神の国の一員としてくださる主イエスの福音を伝え力づけようとしたのだ。同じような経験を味わった自らの経験を活かして相手を思いやり、寄り添っていこうとしたのだが、通じなかったのだ。彼はわびしい切り換えをしたのではないだろうか。

ところが、肩を落とすパウロに主イエスは語りかけたのだった。「恐れるな。語り続けよ。黙っているな。わたしがあなたと共にいる。だから、あなたを襲って危害を加える者はない。この町には、わたしの民が大勢いるからだ」（18：9－10）主の声を聞いた時、彼はどれほど嬉しかっただろう。どれほど力づけられ、元気を取り戻しただろう。テント作りの仕事をして生活を補う貧しい日々を営みながら、この町に一年六か月留まって宣教の業に励んだのだった。

後に書いた手紙に次のような一文がある。「だから、わたしたちは落胆しません。たとえわたしたちの『外なる人』は衰えていくとしても、わたしたちの『内なる人』は日々新たにされていきます。」（コリント二4：16）

8. 主に励まされて語り続ける　105

主と共に生きる　　前項に登場した「テサロニケの信徒への手紙」は、このコリントで書かれたものである。パウロは一足早くマケドニア州を離れギリシアに移ってきたが、その地域に残したテモテやシラスの活動に思いを馳せ、マケドニア人のために祈り続けただろう。テサロニケに派遣されたテモテが到着して明るいニュースを報告したので、パウロは殊のほか感謝の思いに満たされたようだ。

振り返れば、第二回宣教旅行は始めから順風満帆ではなかった。聖霊に励まされ教会から送り出された旅なら、いつも笑顔でいられる楽しく明るい旅では、と思いたくなるわたし達だが現実はそうではなかった。いや、そもそも、パウロの人生自体が、紆余曲折、山あり谷ありの旅路と言えよう。

ここで、わたし達の旅路を見つめてみたい。わたし達のこれまでの歩みには、どのような事があったろうか。それらを、わたし達はどのように受け取り、自分の経験としてきただろう。

同じ出来事に遭遇しても、兄弟姉妹・クラスやクラブの仲間の中でも、受け止め方が異なるケースが多い。ましてや立場の違い（例えば加害側と被害側、その混合や傍観等）によって受け止め方は多岐に分かれる。そのため、同じ出来事とは言え、複数のわたし達は複数の視点から見ているから、その出来事も一つの「事実」にはならない。自分の家庭を楽しい我が家と思う人もいれば、同じ家族の一員でも居場所のない家、と思う。自分の学校を大好きと言う人もいれば、同級生・同窓生でも好きになれず悩みうとましく感じる。

一人一人の受けとめ方・感じ方・解釈の仕方は異なり、意味づけや価値づけも異なる。その違いは、それまでの自身の成育歴に因る事が多い。家庭や社会・学校などの環境や、出会った人・言葉や事件に影響されて自身は形成される。わたし達は独自の考えや気持ちを持っているようでいながら、実は他からの影響を大きく受けているのだ。

だからこそ大切なのは、受ける影響をどのように受けとめ直し、自

106　Ⅲ　聖霊を受け、愛に生きる弟子達

分のモノとして活かすか、という点になる。この一点が、わたしという個人の大切な生き方を示す。

　近年、一人一人の「個」を重視する社会に発展し、集団的ではなく個人の意見・意志を尊重する時代に成熟してきた。この事は、わたし達の進化した貴重な文化である。が、同一の受け止め方・意味づけ・価値づけを避ける傾向にあるために、基準や基本そのものが不透明になっており、他者と同じでいられないと不安になったり孤独感にさいなまれたりする側面を持つわたし達人間は、途方に暮れる時も多くなっているだろう。せっかく進化発展した時代を活かして大事に生きていきたい。

　パウロは、異国での多文化共生・誇り高いユダヤ教の単一文化社会の両側面の影響を受けた人物だった。その彼が、主イエスに出会い人生の旅路を変えられた訳だが、彼はどのような人生の場面にも必ず主イエスが共に居て、時に応じて力を与え前進できるよう支えてくださる事実を味わった。そうして彼は、独自の人生の旅に共に居て下さる主に励ましを得て、自身の道を歩んでいこうと先に進んでいったのだ。皆が一つの意見・スタイル・方向性を持つのではなく、「主と共に歩むこと」を共有するキリスト教を具現化することになっていった。

One more point

　パウロがコリントの教会へ書いた手紙に、次のような文章がある。「体は一つでも、多くの部分から成り、体のすべての部分の数は多くても、体は一つであるように、キリストの場合も同様である。（中略）一つの部分が苦しめば、すべての部分が共に苦しみ、一つの部分が尊ばれれば、すべての部分が共に喜ぶのです。あなたがたはキリストの体であり、また、一人一人はその部分です。」（コリントー 12：12 － 31 より）

　改めて、意味深く味わっておきたい。

9. 言葉を尽くして励ます

使徒言行録　19：11―20：6（新 p. 251）

第三回宣教旅行　　今回の聖書箇所はすでに始まっている三回目の旅行の記録の一部である。

　この旅行は、二回目の旅行の終わりを書いた 19 章 22 節に続く 23 節から書き始められており、パウロは休む間もなく出かけたようである。本書巻末の資料集にある「新約聖書の歴史年表」を見ると、一回目の旅行は 1 年と短いものの、エルサレム滞在後すぐに二回目の旅に出ている事が判る。二回目 3 年という長さ、続く三回目は 5 年とさらに長期化している。旅程について聖書巻末の地図を確認すると、一回目の旅路よりも二回目・三回目の旅程が広範囲に及んでいる様子が判る。パウロは回心の後、十年以上にわたって各地を歩き回って福音を語り伝え、各地に生まれた教会を繰り返し訪ねて励まし、さらに手紙を送って細やかに支えた。このような彼の熱心な活動によって、キリスト教はヨーロッパに広がり根付いていったのだった。

　今回の聖書箇所はエフェソの出来事を物語っている。直前の 19 章 8 節から 10 節にかけて、パウロが会堂で三か月間神の国を論じティラノの講堂でも二年間も論じたので、エフェソのみならずアジア州のユダヤ人もギリシア人も福音を聴いた様子を記録している。その続きとなる今回の箇所は、彼が語り論じただけでなく奇跡の業も行ったと記し、怪しげな祈祷師や魔術を行う者を立ち返らせた次第を記録している。言葉での伝道と共に奇跡の業による伝道は功を奏し、20 節では「主の言葉はますます勢いよく広まり、力を増していった。」と書かれている。

　が次の段落では、またしてもパウロはひどい目に遭ってしまった。「エフェソでの騒動」と小見出しがつけられた段落の話である。

108　Ⅲ　聖霊を受け、愛に生きる弟子達

当時のエフェソは、女神アルテミスをまつった総大理石の大神殿があり、各地からも多くの参拝者を集める信仰の町として栄えていた。そのような町で、パウロが女神を侮辱したと言い出した銀細工師デメトリオに扇動された職人達が騒ぎを起こしたのだ。彼らは町中を混乱させ、パウロの仲間を捕らえ、暴動のような大事件へと発展していった。この件は町の書記官の登場で治まっていったが、パウロ達一行にとっては衝撃的な出来事だったろう。パウロはこの町で、二年もの間語り伝え奇跡の業を行い、そうして旅立とうとしていた時だったのだ。

　この時、彼は二回目に訪れていたアジア州とアカイア州を回り、そうしてエルサレムへ向かおうと決めていた。その計画を示すこの段落の始まりには、「わたしはそこへ行った後、ローマも見なくてはならない。」(19：21) との言葉がある。この一言は大変意味深い。パウロが、宣教旅行の最終目的地をローマ帝国の首都ローマに定めていることを示しているからである。

　彼は、騒動が収まると計画通りに出発した。マケドニア州は二回目の旅行の大事な宣教地だった。彼はこの地方を巡り歩き、言葉を尽くして人々を励ましたと言う。どれほど思いを込めて、この地方に生まれた教会に集う一人一人に語ったことだろう。ギリシアには三か月滞在したという。淡々と記されているが、冒頭で述べたように、この旅行には五年もの時間をかけているのである。ただ顔を見せただけでなく、教えるべきことを心を尽くして教え、示すべきことを思いを尽くして示しただろう。

　やがて、宣教を妨げる陰謀を避けながら、再びマケドニアに戻ってトロアスに着いたところで今回の箇所は終わる。この時に同行していた人々の名前が20章4節に列挙されているが、彼らはパウロの弟子として次なる宣教の業を担う者達だ。長い時間をかけ、大切に丁寧に支えられた教会の中から次世代を担う者が誕生した事に、パウロは喜び感謝したことだろう。

9. 言葉を尽くして励ます　109

手紙による伝道　三回目の宣教旅行中にパウロが書いた手紙から、二つを紹介しよう。

コリントへの信徒への手紙一・二は、エフェソ滞在中に書かれたと言われ、二回目の旅行の際に一年半滞在したコリントに誕生した教会から訪ねて来る人があったり質問状を受けたりしたので書いたと言われている。四通の手紙がまとめられて二通になったと考えられている。コリントの町は、国際的な商業を中心とした大都市だった。経済的な繁栄を誇る反面、道徳的には乱れ享楽的な町として知られていた。そのような町に生まれた教会に対して、パウロは心を砕いて手紙を書いたことだろう。

この手紙の中には、「愛の讃歌」と言われる文章が書かれ、神の**愛の本質**を説いている。

「愛は忍耐強い。愛は情け深い。ねたまない。愛は自慢せず、高ぶらない。礼を失せず、自分の利益を求めず、いらだたず、恨みを抱かない。不義を喜ばず、真実を喜ぶ。すべてを忍び、すべてを信じ、すべてを望み、すべてに耐える。愛は決して滅びない。　－略－　それゆえ、信仰と、希望と、愛、この三つはいつまでも残る。その中で最も大いなるものは、愛である。」（コリント一 13 章より）

コリントの信徒への手紙一・二は、ローマの信徒への手紙、ガラテヤの信徒の手紙と合わせて、四大書簡と言われている。

フィレモンへの手紙もエフェソで書かれたが、獄中での執筆である。短い文書なので、新約聖書 p. 399 ～ 400 を開き全てを読んでおきたい。この手紙は教会宛てではなく、フィレモン、その妻アフィア・息子アルキポに宛てられている。この手紙は、エフェソの東、コロサイの町のフィレモン家から逃亡した奴隷オネシモを赦し、兄弟として受け入れるよう頼む**とりなし**の書である。

当時、ローマ帝国では戦争の捕虜を奴隷として労働力を確保しており、各家にも家内奴隷がいた。古代よりどの家にも奴隷がいたギリシア一帯でも、このような身分制度は続いていたのだった。

オネシモは、主人の家財を盗み逃亡したが捕らえられ、入れられた牢でパウロと出会ったのだ。彼は福音を聴き、考え、祈るようになり、キリスト者となっていった。刑期を終えたオネシモは釈放されるが、自由になれる訳ではない。自由人ではなく奴隷という身分だから、再度主人の家に戻らねばならないのだ。とは言え、盗み逃げ出した家に帰らねばならないのは、厳しい定めだ。主人一家だけでなく、他の奴隷からも冷たい仕打ちを受けかねない。オネシモはパウロ一行と一緒に牢屋に残りたいと願ったようだ。そのため、パウロが主人宛てに手紙を書いて持たせ、新たな生き方を踏み出せるように送り出したのだった。

　手紙を受け取ったフィレモンは、破り捨ててもよかった。が、彼は家族だけでなく教会の皆にも読み聞かせ、身分の違いを越え共に兄弟姉妹として礼拝を守るように努めたのだ。コロサイの町の教会は、フィレモン家に集まった信者の群れから成っていたと言われる。

　パウロの短い手紙は、逃亡者オネシモを立ち直らせ、フィレモン家の一人一人に寛容さを教え、教会という信者の群れはどのような人も等しく神の前に兄弟姉妹とされている恵みを伝えたのだった。

One more point

　パウロ一行の精力的な宣教活動の展開とは言え、ユダヤ教からもローマ帝国からも迫害の手は及んだ。

　各地に誕生した教会は、隠れて礼拝を行うため地下に集会場を設けた。信者の屋敷の地下倉庫を改造したり、洞窟を改良して教会を造ったり工夫がなされ、中には現存している場所もある。

10. 受けるよりは与える

使徒言行録　20：13—21：16（新 p. 254）

　別れを告げる　　今回の聖書箇所は、第三回宣教旅行の終わりの部分である。登場した地名を「8 パウロの宣教旅行 2, 3」の地図に見ると、海路を進む旅程のエルサレムまで残りが少ない様子が判る。二年間も滞在した懐かしいエフェソに近づいた時には、立ち寄りたかったことだろう。しかし、この時、パウロは急いでいた。思いを抑えて仲間を呼び寄せたのだった。

　パウロの心の中には、決意があった。前項で触れた「ローマへ行く」決意である。その前に、三回目の旅行の報告をしなければ、と心していたのだろう。しかしながら、エルサレムの町は彼にとって大変危険な場所になっていた。ユダヤ教徒達の迫害がさらに激化していたからである。察知した周囲の仲間たちはエルサレム行きを中止するよう何度も願い出た。が、彼は「自分の決められた道を走りとおし、また、主イエスからいただいた、神の恵みの福音を力強く証しするという任務を果たすことができさえすれば、この命すら決して惜しいとは思いません。」（20：24）と言い切っていたのだった。

　殉教の死を覚悟しているパウロの姿に、呼び寄せられたエフェソの兄弟姉妹のみならず同席していた者は皆涙したことだろう。これまで、彼がどれほど思いを、込め心を込め言葉を尽くして福音を伝えてくれていたか、今一度噛みしめ、感謝し直して見送ったことだろう。

　人は出会い別れる。始まったら終わる。学校生活、家庭生活、職場生活、様々な場面でわたし達は色々な人と出会い、共に生きる。短かったり長かったり、時間はそれぞれだが必ず終わりを迎える。だからこそ、出会った人との時間を自覚的に大切にして互いによく学び合い、励まし合って前進する仲間でいたいものだ。特に、年長の方々の

112　Ⅲ　聖霊を受け、愛に生きる弟子達

知識・知恵・技術・経験は得難い財産になる。やがて年少の方々へ引き継ぐ大切な遺産となる。

と同時に、しっかり心に刻んでおきたいポイントは、キリスト教の信仰においては、神の国で再び出会う希望があることだ。離別でも死別でも、キリストの導きによる再会の時は与えられる。別れは辛く悲しいが、だからこそ、再び会う時に笑顔でいられるよう別れた後も健やかに前進したい。

パウロが遺した言葉を、エフェソの教会の長老達は胸に刻んで帰り、健やかに実践し続けたのではないだろうか。「あなたがたもこのように働いて弱い者を助けるように、また、主イエスご自身が『受けるよりは与える方が幸いである』と言われた言葉を思い出すように」（20：35）

エルサレムに向かう　三回目の旅もいよいよ終わり近く、一行は港カイサリアに着いた。彼らを迎えたのは、かつてのエルサレム教会執事フィリポ（「4. 鷲のように翼を張って上る」参照）である。滞在中にやってきたアガボの預言を聞いた一行は、パウロの身近に迫る危険を感じエルサレム行きを断念するよう頼んだ。が、パウロの覚悟は揺るがなかった。

14節には「パウロがわたしたちの勧めを聞き入れようとしないので、わたし達は『主の御心が行われますように』と言って、口をつぐんだ。」とある。同行していた人々はどれほど悲しみ苦しんだだろう。にもかかわらずパウロの決意を思い、旅の準備をしてエルサレムへ一緒に向かったのだった。

人は誰でも自分の人生を歩んでいる。他者の人生には入り込めない。病気や失敗の不幸のどん底にいる相手と代わってあげたいと思っても不可能だし、相手の将来を危ぶんだ助言だとしても自分の思い通りに操る事は不可能だ。親子や夫婦、親友といった結びつきの強い仲であっても、相手の人生は相手のモノであって自分のモノではない。相

10.　受けるよりは与える　113

手のためにわたし達が出来ることは「応援」ではないだろうか。声に出さず祈りによる応援でもいいから、気持ちよく支えるわたし達でいよう。

エルサレム教会訪問　この後、パウロ一行はエルサレムに到着し、ヤコブをはじめとする教会の主だった人々と会い、三回目の宣教旅行の様子を報告した。一年六か月過ごしたコリントの町で異邦人伝道へ転向し多くの信者を得た説明を聞いたエルサレム教会は、それまでモーセの律法を遵守するユダヤ人中心の生活を大切にしていたが、寛容な信仰生活を示した。このように、ユダヤ人のみならずギリシア人や他の民族への宣教活動が認められ、キリスト教は、西のヨーロッパの各地域に、同時に東のアジアの各地域に、さらに広められるようになった。

　ここで再度確認しておきたいポイントは、キリスト教は会議で様々な事柄を決めていく信仰共同体である点である。使徒言行録前半は、ペトロを筆頭とする12使徒やエルサレムの信徒達の活動が描かれていたが、後半になるとパウロを中心にした物語の展開となっているので、キリスト教もパウロを中心に形成されていったように受け止められやすい。しかしながら、実際は、エルサレムに残って教会を守り忍耐強く伝道し続けた使徒達や、東方に宣教旅行に出かけた使徒もいたのである。カリスマ的なリーダーの一存で宣教を推進しているのではなく、幾度も主イエスの福音を伝える使命に立ち返りつつ、各地で起きた出来事への対応や新たな展開を試みる時には皆の知恵と力を合わせ、祈りつつ議決する会議を重んじていたのだ。このようなスタイルが、現在、世界に拡がった民主主義の社会の礎となっている事を憶えておきたい。

パウロの信仰　パウロの手紙に示されるキリスト教の重要事項に、**信仰義認**がある。

彼は自分自身をよく見つめ、神の前に誠実に生きようと努めていた人だった。にもかかわらず、期待通りに実行できない自分を自覚し、苦しんだ人だった。

　「ローマの信徒への手紙」の中で次のように書いている。

　「わたしは、自分のしていることが分かりません。自分が望むことは実行せず、かえって憎んでいることをするからです。－略－　そういうことを行っているのは、もはやわたしではなく、わたしの中に住んでいる罪なのです。わたしは、自分の内には、つまりわたしの肉には、善が住んでいないことを知っています。善をなそうという意志はありますが、それを実行できないからです。わたしは自分の望む善は行わず、望まない悪を行っている。－略－　わたしはなんと惨めな人間でしょう。死に定められたこの体から、だれが私を救ってくれるでしょうか。」（ローマ7：15～24より）

　そのように悩み苦しむパウロが、主イエスに出会い、救い主・キリストと信じるだけで神の子・義とされる赦しを知り、律法に沿った正しい生活を守り抜く事が神の子・義とされるのではない神の愛を理解したのだった。信仰によって義とされる福音を得たパウロは、律法の束縛から自由になり、**神の愛**に応えようと励む生き方へ変わっていたのだった。

　このようなパウロの思想が、後の時代になって宗教改革を興しプロテスタント諸教会を生み出した。また誤った方向へ進んだカトリック教会をも改革させ、現在のキリスト教の指針となっている。

One more point

　宗教改革者ルターは「聖書のみ・信仰のみ・万人祭司」を掲げキリスト教を刷新した。彼は母国語で読めるよう聖書を翻訳して印刷し、教会に備えられ聖職者だけが用いる聖書を市民に開放したのだ。讃美歌も数多く作り、神への讃美が信者達の信仰の表れとなるよう力を尽くした。現在でも彼の讃美歌は歌われ、多くの人に親しまれている。

11. 御言葉に従って生きる

使徒言行録 22：22—23：11（新 p. 259）

ヘブライ語で語りかける　　パウロへの攻撃のため騒ぎになったエルサレムの神殿に、ローマ帝国から派遣されている千人隊長一行がやってきてパウロを捕えた。その場の公用語はギリシア語だっただろうが、パウロは攻撃に息巻くユダヤ人達に向け、彼らの言葉ヘブライ語で話し始めたのだった。逮捕した千人隊長や、神殿に集まっていた他の民族には通じない言語だったろう。それでも、彼はユダヤ人に向けてヘブライ語と用いたのだった。

　このようなパウロの姿勢に、心の底から彼らに通じるようにと願う祈りが感じさせられる。

　わたし達は、日本語を使った暮らしを営んでいる。が、海外での生活が長かった人にとっては日本語だけの環境は辛いだろう。また、保護者の転勤に伴う海外移住や留学等、わたし達も時に外国で、現地の言葉を使ったり共通語となる言語を使ったり日本語以外の言語に囲まれる場合がある。そのような時に、言葉の壁を痛感した人は少なくないだろう。母国語は、その人の最も奥深い心に通じる言葉ではないだろうか。パウロは、魂に通じる言語を用いて語りかけたのだ。

　今回の聖書箇所は、そのようにパウロがユダヤ人に話している場面からの始りである。

主の言葉を聞いて　　パウロの話が異邦人伝道になった途端に、神に選ばれた民としての誇りを持つユダヤ人達はいきり立って騒ぎ出したのだった。千人隊長は、騒動を引き起こしたパウロを取り調べようとして彼がローマの市民権を持っている事実を知った。そこで、市民の権利を守り正当な手順を踏まねばならないと心したのだった。

翌日、最高法院での取り調べが始まった。ここには大祭司アナニア
を筆頭とする祭司・長老たちといったサドカイ派の人々（貴族階級）
の議員多数と、一部のファリサイ派（市民階級の宗教指導者）の議員
がいた。パウロがファリサイ派出身である彼の信条を聞いた少数派の
議員達は多数派のサドカイ派の議員と論争を始め、少数派の中にはパ
ウロを弁護し悪い点はないと言う者も現れたのだった。

　取り調べていた千人隊長は騒動が信仰の違いによる問題と判断し、
市民権を持つパウロを守りローマ帝国の法廷にて判定が下されるよう
護送することにしたのだった。

　このように命が脅かされる恐怖の最中のパウロに、主が語りかけた
と使徒言行録は記録している。11節である。ここには「主はパウロ
のそばに立って」とある。

　そばに立たれた主を感じて、パウロは嬉しかっただろう。それまで、
攻撃する人々にグルリと囲まれ、兵営では一人ポツンと暗闇の中に放
置され、自分と共に居てくれる人はいなかったのだ。どれほど慰めら
れただろう。

　その主が「勇気を出せ。エルサレムでわたしのことを力強く証しし
たように」と言われたので、主はエルサレムの神殿でヘブライ語を用
いて一生懸命語ったことを知っていてくださったのだ、と気付いたパ
ウロは安らかな気持ちになったのだろう。だから、続けられた「ロー
マでも証しをしなければならない。」との命令を、心にしっかり刻む
ことができたのではないだろうか。

　法廷に立つ　　使徒言行録は23章後半24章にかけて、カイサリア
に護送されたパウロが帝国から派遣されていた総督フェリクスの前で
の裁判に臨んだ様子が描かれている。

　フェリクスは、彼を二年間にわたって監禁したと言う。（24：27）
フェリクスの後任のフェストゥスは、パウロを法廷に立たせユダヤ人
達の訴えを聞いたがやはり重い罪に定めることはできなかったので、

11. 御言葉に従って生きる　117

ユダヤ教の法廷・最高法院に戻そうと考えた。ところが、パウロは皇帝の法廷での裁きを望み、「私は皇帝に上訴します」（25：11）と申し出たので、皇帝のもとへ送る手配をしたのだった。

その時、思いがけない展開が起きる。

それは、アグリッパ王やカイサリアの町の実力者達への伝道のチャンスである。25章から27章に登場するアグリッパ王とは、主イエスが生まれた時に幼児殺しと命じたヘロデ大王のひ孫にあたり、キリスト教については少なからず興味を持っていたことだろう。ローマで育ち、若くしてユダヤの地方の国王になった人物である。彼は妻ベルニケと共に、フェストゥスの着任に際して表敬訪問をした際、フェストゥスからキリストを語り伝えるパウロの事を耳にして、彼の話を聞いてみたいと願い出たのだ。

小さな者にも大きな者にも　使徒として宣教活動に励んできたパウロは、故国の王に語ると言う思いがけないチャンスを掴んだ。

アグリッパ王夫妻だけでなく千人隊長や町の主だった人々がフェストゥスの前に集まり、引き出されたパウロは話し始めた。自身の回心の経緯を始めに、主イエスをキリストと信じ、罪を悔い改めて神に立ち帰り復活の希望に生きるよう勧める内容は、これまでの彼の話と変わらないものだった。身分や立場を越えて、パウロは力強く主イエスの福音を語りかけたのである。彼らはこの話をどのように受けとめただろう。

やがて、彼らは話し合い、パウロに罪がないと認めたのだった。アグリッパ王は、「皇帝に上訴さえしていなければ、釈放してもらえただろうに。」（26：32）と言った。

もしも、フェストゥスがパウロをエルサレムの最高法院に送り返したら、彼はエルサレムで殺されただろう。もしも、カイサリアで釈放されたなら、暗殺されたかもしれない。彼はローマ皇帝の裁判の座を望み上訴した事で、福音を語る使命を果たすために命を守り、そうし

て主イエスの命令通りにローマでも宣教活動が続けられるよう、道を切り開いたと言えよう。

One more point

宣教旅行の同行者だったテモテに宛てて書かれたパウロの手紙には、次のような文章がある。

「御言葉を宣べ伝えなさい。折が良くても悪くても励みなさい。とがめ、戒め、励ましなさい。忍耐強く、十分に教えるのです。だれも健全な教えを聞こうとしない時が来ます。そのとき、人々は自分に都合の良いことを聞こうと、好き勝手に教師たちを寄せ集め、真理から耳を背け、作り話の方にそれて行くようになります。しかしあなたは、どんな場合にも身を慎み、苦しみを耐え忍び、福音宣教者の仕事に励み、自分の務めを果たしなさい。」(テモテ 二 4：2 － 5)

神の前に、誠実に自分の良心に従って語り続けたパウロの生き方が浮かび上がる一文と言えよう。

12. ローマに立つ

使徒言行録　27：1—12 ＋ 28：1—31（新 p. 267 ＋ p. 269）

船出　　皇帝に上訴したパウロは、皇帝の裁判を受けるため首都ローマに向かうことになった。

　これは、現在の裁判制度にも見られる流れである。日本では地方裁判所→高等裁判所→最高裁判所と下級裁判所から上級裁判所へ上訴できるシステムとなっており、すでに社会科授業で学んだだろう。このような裁判のシステムが２千年もの昔にローマ帝国で機能し、広大な領土の中では片隅にいるようなパウロという一市民に適用され、法に従って裁判を受ける権利が守られた実態に改めて驚かされる。二千年前の日本は、どのような文化・社会だったろう。

　パウロは百人隊長ユリウスに護衛され、船でローマへ向かった。旅路は、聖書巻末「9 パウロのローマの旅」で確認しよう。地図を見ると、主イエスが活動された地域の地図「6 新約時代のパレスチナ」から次第に範囲が拡大されているのが解る。逮捕されたパウロが移動した距離は、ざっと 4,000 キロにあたる。そのほとんどが船旅である。動力源を風と人とする当時の船を想うと、現代の船旅以上に天候に左右される大変な旅だったことが想像される。パウロ一行はしばしば難を逃れて寄港した地で長期滞在している。

　「自然」はわたし達の人生を左右する。気候・地形・大地の実り・水・動物など生物等の大自然にグルリと囲まれて、大きな影響を受けている。が、進化した文明の中での人間中心の生活に埋没していると自然が見えなくなり、そこにも神の手が働いている情景を見つめる目を失う。人間中心の生活を大切にするのと共に、わたし達を囲む生き活きとした自然を見る目を失わないよう努めよう。

120　Ⅲ　聖霊を受け、愛に生きる弟子達

難破を逃れた島で　天候や海の状態を判断したり、水や食料を補給するため何度も寄港したり、航海は慎重に進められていただろうに、一行は嵐に巻き込まれ難破した。それでも、乗船者全員が助かったのだった。今回の聖書箇所の2か所目28章は漂着したマルタ島の滞在を記している。

　この島も神話の神々を信じていた様子が伺える。マムシに絡みつかれたパウロを見た彼らの言葉は「海の神ポセイドーン（男神）は助けたが、正義の女神（裁きの神テミス）は生かしてはおかない」との、神々の対決の感覚で語られたものだろう。マムシの害を何も受けなかった様子に、パウロを神だと言う思考の変化には驚かされるが、考えてみれば現代でも起こりうる話で、わたし達もある人の一面に衝撃を受けその人を神格化してしまう場合がある。**多神教**では、沢山の神がいるため、人には未だ知られていない神がいることも想定され、新たな神が生まれることも想定されている。多神教の感覚と、**一神教**の感覚の違いをわたし達は心しておきたい。

　ローマ到着　使徒言行録はパウロがローマに到着し、二年の間主イエスを伝え続けたところで終わっている。「ローマ到着」の段落の最後の16節では番兵を一人付けられた事が、「パウロ、ローマで宣教する」の段落の最後の31節では全く自由であった事が書かれている。使徒言行録の結末部分となる28章には、これまでのユダヤ教徒との激しい論争・攻撃やローマ帝国からの迫害が描かれず、主イエスから受けた「ローマでも語り伝えよ」との命令を果たした結末にまとめられている。

　パウロは裁判を受けるために護送されてローマに至った。護送と言うことは、ユダヤ人や迫害者からの危害を防ぎ命が護られたということである。パウロは、とにかくローマまで到達し、使徒として宣教の業を行ったのである。

拡がる主イエスの教え　　この書の最後は、預言者イザヤの言葉を用いて聞かず見ず認めないためにユダヤ人は救われないと告げた様子を著し、神の救いが異邦人に向けられた事を再確認している。このような記述は、ローマでのパウロの宣教方針を示し、当時主だった世界各地を手中に収めていた帝国の首都ローマから、その各地にキリスト教を広める信仰者達の宣教活動を力強く支えたであろう。

　パウロは、本書巻末の「新約時代の歴史年表」にあるようにローマで殉教した。他の使徒達も殉教したと言われ、ペトロが逆さ十字架で処せられた事をはじめとする伝承が残っている。使徒やキリスト教の指導者が投獄されたり処刑されたり、迫害され抑え込まれたにもかかわらずキリスト教は帝国中に広がり、しっかり根付き、やがて国教となっていった。パウロが到達したローマには、現在に至るまでキリスト教・カトリック教会の総本山とも言えるバチカンのサン・ピエトロ寺院が立っている。

　ルカによる福音書の続きとして書かれた使徒言行録は、復活の主イエスから与えられた「エルサレムから始めて地の果てに至るまで証人となる」使命を、使徒達が全うしたと書かれたのである。

One more point

　キリスト教が帝国全体に広まっていった背景には、当時の帝国の社会・文化が大きく影響していた。

　その一つが、女性の信仰者の増加である。福音書にも使徒言行録にも、主イエスの弟子となった婦人達が脇で支えている姿が記されているが、帝国での女性信仰者の増加は大変多かったと言う。

　当時、ローマ帝国の社会では、家庭内で生きる事を主としていたギリシア時代ほどではなかったが、一家の家長（男性）が経済に関する権利を所有する時代だったので、家庭内では父親、結婚すれば夫、夫が亡くなれば息子といった後見人を必要とする立場に置かれていた。

　他方、息子を三人産んだ女性は独立人格とみなされ、政治の場面にも

顔を見せたり剣闘の練習をしたり、男性に混じって社会生活に参加する女性もいたのである。そのような女性は、キリストの教えをどのように受けとめたのだろう、興味深いものである。

また、一夫多妻制が認められていたため、夫との関係作りに苦慮した女性は少なくなかったようだ。ユダヤ教の一夫一婦制の流れを汲むキリスト教に魅かれた女性も多かったと考えられている。

【まとめ・課題】

① イメージマップを用いて、これまで学んだ事柄をまとめ確認しよう。
　　使徒言行録・教会の誕生とその発展・パウロの宣教活動などを主題にして描いてみよう。
② キリスト教を伝えた宣教師について調べてみよう。
　　特に、通っている教会や学校に深く関わり大きな影響を与えた宣教師について学ぼう。
③ 信仰に基づいて生きた日本人の生き方を知ろう。
　　　医療活動……日野原重明や神谷美恵子
　　　報道活動……後藤健二
　　　文筆活動……三浦綾子
　　　その他

Ⅳ 終わりに
－黙示－

新しい天と新しい地
A New Heaven and A New Earth(Revelation 21:1-4)
渡辺 総一

終末・神の国への招き

ヨハネの黙示録　1：1−8 ＋ 22：6−21（新 p. 452 ＋ p. 479）

示された黙示　　新約聖書最後の書物は、未来の**終末**を伝える書である。

最初の「序文と挨拶」と題された段落には、「この預言の言葉を朗読する人と、これを聞いて、中に記されたことを守る人たちとは幸いである。」（1：3）と書かれ、これから起こる出来事を伝える前置きがなされている。

旧約聖書にも**預言の書**が納められている。各預言書の著者は、神から近い未来或いは遠い未来に起こる出来事を語り聞いて記録した。それは単に未来の予言ではなく、神のご計画を知らされた者として「神の言（ことば）を預かる」ことだった。そのようにして旧約聖書の時代に記録された預言は、救い主イエス・キリストの福音によって成就した、と聖書は物語る。だから、新約聖書は現代のわたし達にとっては過去の記録となる。

ところが、聖書の最後の書物は、わたし達の生きる現代を越える未来の次元を物語る。そのため、新約聖書唯一の預言書と言われることがある。これまで学んできた四福音書や使徒言行録の過去の事柄ではない点に注意したい。

黙示録はユダヤ人独特の黙示文学の形式で書かれた文書（旧約聖書にはダニエル書やヨエル書が黙示文学と言われる）で、隠されている神の言葉と計画が人々に明らかになる**黙示**を記す。

不思議な書物　　ヨハネの黙示録は、キリスト教が最も激しい迫害を受けたドミティアヌス帝の時代に書かれたと言われる。そのため、迫害を受けない工夫がなされ、教会の内部だけに通じる表現や秘密を

126　Ⅳ　終わりに

隠しつつ示す言葉が用いられて難解な文章が多い。

「七つの教会」「七つの霊」の数字7は、聖なる数3と4を足した数とされる。12も3×4の数であり重要な数である。666は「獣の数字」と言われ皇帝ネロを表すとされている。登場するその他の数字もそれぞれ意味があり、注解書を調べると興味深い。

救いの喜び　この黙示録から学びたいポイントは二つある。

一つ目は21章に書かれている「新しい天と新しい地」である。この世の歴史が終わり、新たな天地・キリストを信じる者が招かれる**神の国**が告げられているので、一読しておきたい。

二つ目が、今回の聖書箇所後半に登場する「キリストの再臨」である。この世が終わって神の国が新たな形をもって完成する時、再びキリスト・救い主が来られると黙示録は告げる。だから、この終末の時は、主イエスをそのキリスト・救い主だと信じる者達にとっては、神の国に入れていただける約束の時・永遠の命をいただける時となる。最後に書かれた結びの言葉「主イエスの恵みが、すべての者と共にあるように。」（22：21）は、救いの約束を確認する力強い一言である。

聖書は、その始まりを旧約聖書の創世記とし、主なる神が天地万物を創られた業から物語り出していた。そうして語り続けられた書物の終わりは、新約聖書の黙示録である。この終わりの時を迎える時には、創られたわたし達の世界を新たな次元をもって完成されることが語られている。

終わりの時・終末とは裁きの時であるが、裁かれて地獄に送られる滅びの時・死の時ではない。永遠の命の時である。主イエスを真のキリスト・救い主と信じる者は、誰でも神の国に招かれ、永遠の命を生きるのである。

終末・神の国への招き　127

【まとめ・課題】

① イメージマップを用いて、1年間かけて学んだ新約聖書を概観しよう。

　再度、主イエスについて・使徒達について・キリスト教信仰について思い巡らし描いてみよう。

② キリスト教は、聖書に示された未来の希望（永遠の命の約束）を伝える。

　だから「今をよく生きよう」と努める。この特徴について考えたことを文章にしてみよう。

資料集

「主の祈り」

天にましますわれらの父よ、願わくは、御名をあがめさせたまえ。

御国を来たらせたまえ。御心の天になるごとく、地にもなさせたまえ。

われらの日用の糧を　今日も与えたまえ。

われらに罪をおかす者をわれらがゆるすごとく、

われらの罪をもゆるしたまえ。

われらを試みにあわせず、悪より救い出したまえ。

国と力と栄えとは、限りなく汝のものなればなり。アーメン。

「主の祈り」は、イエス・キリストが弟子に教えた祈りで、マタイ福音書とルカ福音書にその時の様子が描かれている。現在、整えられた成文祈祷として多くのキリスト教会で用いられているが、時代・諸事情に合わせた表現に直されている（讃美歌21などを参照）。

「使徒信条」（キリスト教信仰の要約）

われは、天地の造り主、全能の父なる神を信ず。

われは、その独り子、われらの主、イエス・キリストを信ず。

主は、聖霊によりてやどり、処女（おとめ）マリヤより生まれ、

ポンテオ・ピラトのもとに苦しみを受け、十字架につけられ、

死にて葬られ、陰府にくだり、三日目に死人のうちよりよみがえり、

天にのぼり、全能の父なる神の右に座したまえり、

かしこより来たりて、生ける者と死ねる者とを審（さば）きたまわん。

われは、聖霊を信ず。聖なる公同の教会、聖徒の交わり、罪の赦し、

身体のよみがえり、永遠の生命を信ず。　アーメン

「使徒信条」とは聖書に基づく信仰の基準である。初代教会時代から使徒たちによって伝えられた信仰の内容を簡潔に言い表す信条で、プロテスタント教会では、唯一の公同の信仰告白として唱えられている（讃美歌21などを参照）。

新約時代の歴史年表

*年代には他説あり・執筆年代不明の書あり

年代	ことがら	各書の執筆
B.C. 63	ローマ帝国によるエルサレム征服	
	ヘロデ王在位（37〜4）	
6〜4 頃	主イエスの誕生	
28 頃	洗礼者ヨハネの活動、主イエスの宣教開始	
30 頃	主イエスの死、復活、聖霊降臨	
33 頃	パウロの回心、宣教開始	
	ペトロの投獄	
47〜48	パウロの第一回宣教旅行	
48 頃	エルサレムの使徒会議	
49〜52 頃	パウロの第二回宣教旅行	テサロニケの信徒への手紙一・二
53〜58 頃	パウロの第三回宣教旅行	コリントの信徒への手紙一・二、ガラテヤの信徒への手紙、フィリピの信徒への手紙、フィレモンへの手紙、ローマの信徒への手紙
58〜60 頃	パウロの逮捕、カイサリアでの軟禁	
60 頃	パウロ、ローマへ移送	コロサイの信徒への手紙、エフェソの信徒への手紙
64 頃	ローマでの大火、ネロ皇帝による迫害	
67 頃	パウロ、ローマにて処刑	
66〜70	第一次ユダヤ戦争	
70	エルサレム陥落、神殿崩壊	
70 頃		マルコによる福音書
80 頃		マタイによる福音書、ルカによる福音書
80〜90 頃		ヘブライ人への手紙
90	ユダヤ教の正典成立	
90〜95 頃		使徒言行録、ヨハネの黙示録、ペトロの手紙一
95〜100 頃		ヨハネによる福音書、ヨハネの手紙一・二・三、テトスへの手紙
132〜135	第二次ユダヤ戦争、エルサレムからユダヤ人追放	
		テモテへの手紙一・二
		ペトロの手紙二
313	ミラノ勅令	
321	日曜日を休日にする法令発布	

131

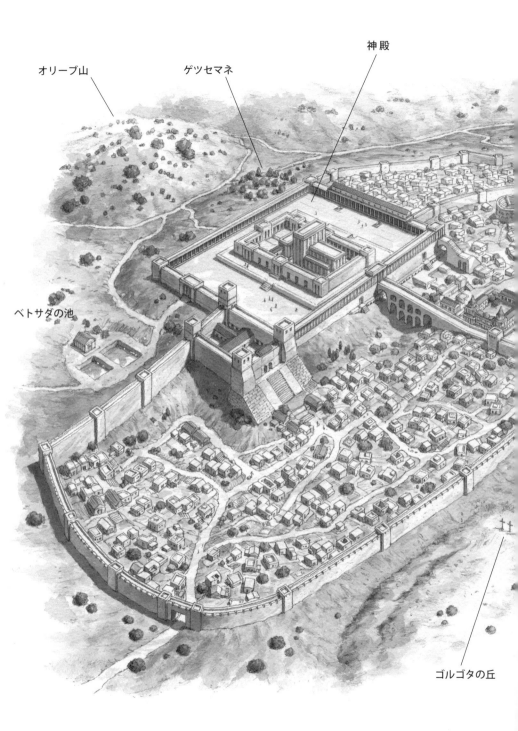

キイエス時代のエルサレム（鳥瞰図）

出典：『バイブルバイブル』日本聖書協会、2015年

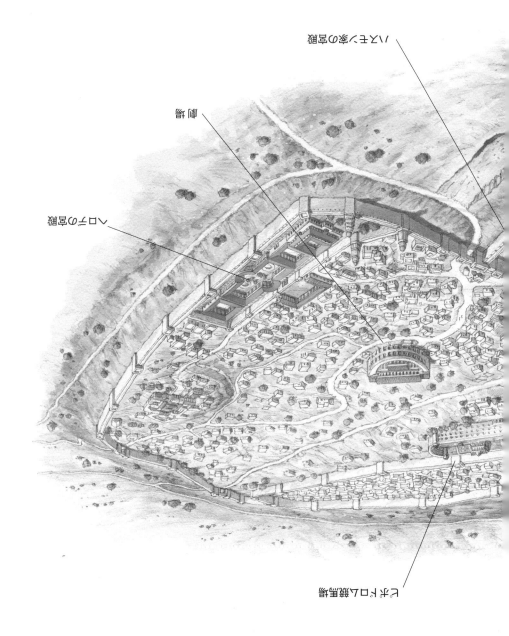

- ハスモン家の宮殿
- 神殿
- ヘロデの宮殿
- ヒズキヤの城壁

本書を読み終えて

日本にキリスト教が伝えられて470年になりました。

日本に渡ってきたカトリック宣教師のひとり、ザビエルの宣教様の一つに
りますが、信長が建てた安土城跡には、今も顕彰碑が建てられています。あの
頃の宣教師はどのように宣教を考えたんでしょうか。戦国の世の混乱をこえて神
の国への視座を広げられ、光があたり真の愛が世界からあたるための
ではいけないでしょうか。そうして、自分たちの人生を生きる神様
を現前に信じて信頼しいのちを大切に生きることを喜びましょう。そうし
て、代わることのできない自分存在を尊ぶ中で、共に生きる
様相を信じて讃美のうちに喜び生きていくことを望む中で、共に生きる
もまた「聖書」であって、という燃えさしを持ちつ
つ、今もに与え続けるのではないでしょうか。

本書を編くにあたって、雷暴科授業をまに近りし小柴美幸先生（瀬戸
永泉教会牧師）・長田惠子先生（広瀬教会牧師）・山田耕郎先生（名古屋
北教会牧師）・牧園・佐正への私ともえる有意義な助言をいただきな
ました。ご寄稿への回答者のおひとりに感謝するばかりです。
学校の教育をも支える諸名の働きを思い、本書の洗り上げる日本末
報国中部教区へ捧げます。

2019年 受難節

愛農学園中学校宗教主事　佐藤田典子

著者 **後藤田純子**（ごとうだ・のりこ）
1955 年東京生まれ。目白学園高・
東京 YMCA 英語科、東京神学大学・
修士課程修了。
横須賀学院を経て、現在栄光学園中高
校宗教主事。

新たな旅立ち
新約聖書に学ぶ神の招き

2019 年 3 月 1 日　第 1 版第 1 刷発行

著者………後藤田純子

発行者…………小林　望

発行所………株式会社新教出版社
〒 162 - 0814 東京都新宿区新小川町 9 - 1
電話（代表）03（3260）6148
振替 00180 - 1 - 9991

本文印刷・作勝印刷／製本……ケンボ

© Noriko Gotouda 2019
ISBN 978-4-400-51761-0　C1016
Printed in Japan